MARKETING
Em Busca do Óbvio

Jack Trout

Autor dos Best-sellers
POSICIONAMENTO, MARKETING DE GUERRA, FOCO
e AS 22 CONSAGRADAS LEIS DE MARKETING

MARKETING
Em Busca do Óbvio

*Como e Por Que as Ideias Óbvias e
Simples Serão Melhor Assimiladas
por Seus Clientes e Consumidores*

M.Books do Brasil Editora Ltda.

Rua Jorge Americano, 61 - Alto da Lapa
05083-130 - São Paulo - SP - Telefones: (11) 3645-0409/(11) 3645-0410
Fax: (11) 3832-0335 - e-mail: vendas@mbooks.com.br
www.mbooks.com.br

Dados de Catalogação na Publicação

Trout, Jack
Marketing – Em Busca do Óbvio
2010 – São Paulo – M.Books do Brasil Editora Ltda.

1. Marketing   2. Estratégia   3. Administração

ISBN: 978-85-7680-094-1

Editor
Milton Mira de Assumpção Filho

Tradução
Maria Lúcia Rosa

Produção Editorial
Beatriz Simões Araújo

Coordenação Gráfica
Silas Camargo

Editoração e Capa
Crontec

2010
M.Books do Brasil Editora Ltda.
Todos os direitos reservados.
Proibida a reprodução total ou parcial.
Os infratores serão punidos na forma da lei.

Para Richard Maggiore
O homem que me apresentou ao *Obvious Adams*

Este livro foi selecionado, aprovado e recomendado pela ACADEMIA BRASILEIRA DE MARKETING.

A ACADEMIA BRASILEIRA DE MARKETING é uma iniciativa e propriedade intelectual do MADIAMUNDOMARKETING, idealizada no final dos anos 1990 e institucionalizada em março de 2004.

Tem como MISSÃO: identificar, selecionar e organizar as melhores práticas do MARKETING mundial e disseminá-las no ambiente empresarial brasileiro, garantindo o acesso às mesmas, muito especialmente das micros, pequenas e médias empresas, no sentido de contribuir, decisivamente, para seus sucessos e realizações na luta pela sobrevivência e crescimento.

Tem como VISÃO: tornar todas as empresas brasileiras extremamente competitivas pela adoção e implementação das melhores práticas do MARKETING, resultando, por decorrência, no desenvolvimento econômico e social do país.

Seu ENTENDIMENTO DO MARKETING: mais que uma caixa de ferramentas, é o de tratar-se de ideologia empresarial soberana e consagrada, presente nas empresas que buscam, de forma incansável e permanente, conquistar, desenvolver e preservar clientes, e crescer, sempre, e, preferencialmente, através dos próprios clientes.

Agostinho Gaspar
Alex Periscinoto
Álvaro Coelho da Fonseca
Amália Sina
Antonio Jacinto Matias
Armando Ferrentini
Carlos Augusto Montenegro
Chieko Aoki
Cristiana Arcangeli
Edson de Godoy Bueno
Eduardo Souza Aranha
Elcio Aníbal de Lucca
Francisco Alberto Madia de Souza
Francisco Gracioso
Gilmar Pinto Caldeira
Guilherme Paulus
Ivan F. Zurita

João De Simoni Soderini Ferracciù
José Bonifácio de Oliveira Sobrinho
José Estevão Cocco
José Victor Oliva
Lincoln Seragini
Luiz Antonio Cury Galebe
Luiz Carlos Burti
Marcelo Cherto
Marcos Henrique Nogueira Cobra
Miguel Krigsner
Milton Mira de Assumpção Filho
Nizan Guanaes
Pedro Cabral
Peter Rodenbeck
Régis Dubrule
Viviane Senna
Walter Zagari

SUMÁRIO

PREFÁCIO · 15

CAPÍTULO 1 · Em Busca do Óbvio · 19
Este é o capítulo mais importante do livro. É simples, profundo e contém um segredo que poucos conhecem... E foi escrito em grande parte por outros.

CAPÍTULO 2 · O Que Atrapalha o Óbvio · 29
Existem forças em jogo que não facilitam a pesquisa ou, às vezes, nem a viabilizam. Elas tendem a obstruir o pensamento claro. Algumas forças são externas. Algumas, internas. Todas são coisas das quais você pode ter ciência. Ser advertido é estar preparado.

CAPÍTULO 3 · A Internet Pode Ser um Problema Óbvio · 41
Nada no mundo do marketing e dos negócios tem sido alvo de tantos comentários. Mas cuidado, esta não é a solução definitiva. São novas formas de alcançar as pessoas com sua ideia óbvia. É apenas mais uma ferramenta, mas ela pode confundir as coisas.

CAPÍTULO 4   Publicitários Podem Ser um Problema Óbvio   53
Infelizmente, a maioria dos publicitários procura o criativo, e não o óbvio. Para eles, o óbvio é simples demais e não é suficientemente inteligente. A velha guarda — Leo Burnett, David Ogilvy e Bill Bernbach — entendia isso. A nova guarda, seja quem for, não.

CAPÍTULO 5   Profissionais de Marketing Podem Ser um Problema Óbvio   69
Os profissionais de marketing muitas vezes não percebem qual deveria seu o seu foco. A maioria fica irremediavelmente presa a egos corporativos e a projetos complicados. Não é de admirar que um diretor de marketing fique menos de dois anos no cargo.

CAPÍTULO 6   Um Exame Óbvio do Processo de Marketing   77
Para que os profissionais de marketing façam um trabalho melhor, eles precisam ter um entendimento claro do processo de marketing — o que é importante e como avaliar e operar as funções das quais estão encarregados.

CAPÍTULO 7   Ajuda para Buscar o Óbvio   99
Em geral, a busca deveria começar com a concorrência. Não é o que você quer fazer. É o que sua concorrência o deixará fazer. Além disso, é preciso evitar erros que são cometidos com frequência. Apresentarei duas de minhas estratégias óbvias preferidas.

CAPÍTULO 8   Atenção a Algumas Regras Óbvias Básicas   131
Em outro livro, escrevi sobre as leis do marketing. Várias delas são muito importantes na busca pelo óbvio. Se quiser correr o risco, ignore-as.

CAPÍTULO 9   Algumas Observações sobre Problemas Óbvios de Marketing   151
Este capítulo apresenta as ideias óbvias que poderiam ser usadas para resolver alguns problemas de marketing bastante comuns. Algumas são observações. Várias foram pesquisas para identificar o óbvio, conduzidas por mim.

CAPÍTULO 10   O Futuro Nunca É Óbvio   183
Deve-se buscar o óbvio hoje, e não amanhã. Não se pode prever o futuro e nunca se deverá tentar. Hoje é hoje. Amanhã é amanhã.

EPÍLOGO   187

BIBLIOGRAFIA   191

ÍNDICE   193

ÓBVIO ADAMS   201

> *"Aqueles que não conseguem se lembrar do passado estão condenados a repeti-lo."*
>
> George Santayana
> (1863-1952)

Há muita história neste livro e as pessoas sempre me perguntam por que trago velhos casos para ensinar uma lição.

Minha resposta é que o conselho do Sr. Santayana é de grande importância, já que o passado lhe diz o que fazer hoje. (O Vietnã nos disse o que aconteceria no Iraque.)

O mesmo acontece com o marketing. Digo a jovens profissionais de marketing para estudarem o passado e evitarem pensar que o mundo está diferente. Não está — porque a condição humana é a mesma.

Além disso, esse estudo precisa focar na visão a longo prazo, à medida que a história se revela lentamente.

Por quê? Bem, leva certo tempo para descobrir a verdade. É preciso ter cuidado para acompanhar os resultados. Há muito de ego na maioria das decisões de negócio; por isso, frequentemente a verdade é escondida e poucos querem admitir um erro. Como Mark Twain escreveu com tanta sagacidade: "Você não pode chegar à verdade das pessoas até que elas estejam mortas, e muito tempo depois de sua morte".

Jack Trout

PREFÁCIO

Os negócios estão em um período de competição mortal. E em um momento em que a função do marketing é de importância fundamental, o marketing está uma confusão.

Só percebi como a situação piorou depois de encontrar algumas pesquisas enquanto estava atualizando meu livro *Differentiate or Die (Diferenciar ou Morrer)*, que se tornou o Capítulo 2.

Em detalhes, esse estudo ilustrou que, embora as categorias estejam se expandindo, graças à Lei Imutável da Divisão, algo sinistro está acontecendo. Apesar de toda a atenção dada ao *branding* atualmente, um número cada vez maior dessas categorias tem aderido à comoditização. Em outras palavras, um número cada vez menor de marcas nessas categorias é bem diferenciado. Na mente das pessoas, elas existem, mas isso é tudo. Você poderia dizer que ocupam um lugar. São um tipo de sem-teto que ocupam moradias vazias. Vivem lá, mas não têm uma ideia significativa que as torna singulares.

A diferenciação, evidentemente, existe, e é feita com base em produtos ou serviços que realmente têm valores — reais ou percebidos, racionais ou emocionais — e que estejam ocupando um lugar real na mente dos consumidores — além de o consumidor ter ciência deles. E o grau em que eles possuem esses valores e têm sentido na vida dos consumidores determina se eles se diferenciaram. Mas um número cada vez menor de produtos e serviços é capaz de demonstrar qualquer grau de diferenciação real.

Para provar isso, a BrandKeys, Inc., uma empresa de consultoria de pesquisa de fidelidade e engajamento, conduziu uma análise de 1.847 produtos e serviços em 75 categorias via seu Customer Loyalty Engagement Index®. Usando uma combinação de investigação psicológica, fator de regressão e análises de trajetória causal, eles conseguiram prever o quanto os consumidores agirão positiva ou negativamente em relação a produtos, dependendo de seu grau de diferenciação.

Em média, o estudo verificou que apenas 21 por cento de todos os produtos e serviços examinados tinham pontos de diferenciação que eram significativos aos consumidores. Isso representa quase 10 por cento menos que um estudo tido como parâmetro, conduzido em 2003. (O Capítulo 3 tratará desse assunto.)

Isso significa que um número cada vez maior de produtos está sendo vendido ao preço mínimo — sem benefícios — o que não é uma situação muito boa.

Não é de admirar que os diretores de marketing tenham uma gestão mais breve que os treinadores na NFL (liga de futebol americano). Os relatórios mais recentes apontam que eles mal passam de dois anos no cargo. Como a *BusinessWeek* comentou em um artigo sobre o assunto, "O emprego é radioativo".

Há uma ironia nisto: embora os diretores de marketing sejam demitidos e as marcas norte-americanas estejam decaindo, em meio ao caos, à confusão e à comoditização, os consultores norte-americanos estão produzindo um livro atrás do outro sobre o que deveria ser feito para acabar com a confusão. Seth Godin, um guru conhecido, clama pela necessidade de se ser "notável", o que soa como ser diferente. Mas as "Vacas Roxas", que ele defende, são difíceis de criar na maioria das corporações. W. Chan Kim e Rence Mauborgue falam sobre evitar a concorrência cabeça a cabeça, navegando-se em uma "Estratégia de Oceano Azul". (Isto muito se parece ao que escrevi anos atrás, é melhor ser o primeiro que ser o melhor.) Mas é difícil encontrar "Oceanos Azuis" hoje em dia. E o que eu faço em um mar de concorrentes?

Alguns conceitos vêm e vão muito rapidamente. Ninguém mais fala muito sobre excelência e Six Sigma, nem da teoria da cauda longa ou do jogo. Algumas ideias, como a do "Marketing Verde", viraram moda imediatamente, em grande parte graças a Al Gore.

Para colocar os autores no circuito das palestras, livro atrás de livro é lançado com conceitos como "Marcas de amor", ou "Brandscendence", "Branding emocional", "Buzz" ou "BrandJam". Artigos sem fim são escritos sobre a nova geração de consumidores que têm "novas mentalidades" ou "fortes desejos". Isso leva ao conselho sobre "modos de entretenimento" ou "estabelecer conexões soltas" ou "ir para dentro" ou "retribuir". Tudo parece transformar o marketing em uma nova forma de religião.

Finalmente, acima de tudo, você tem toda a pesquisa gerada por computador e pela internet, que torna as coisas não mais claras, mas mais complicadas. Você pode resumir tudo, facilmente, observando que o marketing está, cada vez mais, se tornando uma ciência complexa de garimpagem de dados, corte de números, segmentação de nichos e assim por diante. Como eu disse, o marketing é uma confusão.

Este livro é um esforço para esclarecer essa confusão — voltar ao que você deveria estar procurando a fim de resolver qualquer problema de marketing. E vem sem jargões, sem números, sem complexidade. Muitas de minhas observações vêm de uma coluna bimestral que escrevo para a *Forbes.com*. Outras vêm de meus muitos anos de escrita sobre o assunto. Algumas são ideias novas. Uma pesquisa sobre o óbvio sempre foi o ponto fundamental de meu trabalho. Por que me repetir? Quando as pessoas entenderem, eu vou parar.

Você notará que poucos profissionais de marketing como os que trabalham na Coca-Cola, na General Motors e na Volkswagen procuram algum tratamento duro. Não estou tentando ser cruel, mas, devido à visibilidade e história deles, eles apresentam lições maravilhosas aprendidas com os erros. Lições que não se quer repetir.

Está interessado? Siga a leitura e aprenda.

CAPÍTULO

1

Em Busca do Óbvio

*Este é o capítulo mais importante do livro. É simples,
profundo e contém um segredo que poucos conhecem...
E foi escrito em grande parte por outros.*

Sempre que eu viajo pelo mundo, com frequência me fazem a mesma pergunta: "Quais são seus livros preferidos?".

Bem, vou lhe contar um segredo. O melhor livro que eu já li sobre marketing foi escrito há mais de 90 anos, em 1916. E a boa notícia é que ele tem apenas 40 páginas, não contém jargão, gráficos nem pesquisas complexas. De fato, mais se parece com um panfleto. Agora vem a má notícia. Não é fácil de encontrar e poderia ser chamado de item de colecionador.

O título do livro é: *Obvious Adams. The Story of a Successful Businessman*, e foi escrito por Robert R. Updegraff. O livro foi um sucesso e um crítico escreveu no *New York Times*: "O jovem que se aventurar no ramo do marketing e de propaganda deve ter *Obvious Adams* como manual. De fato, qualquer jovem que se aventurar em qualquer coisa poderia se beneficiar com o bom senso e o tino empresarial exibido nesse pequeno volume".

Por que eu gosto tanto desse livro? Porque a busca por qualquer estratégia de marketing é a busca pelo óbvio. Considere a definição da palavra *óbvio* encontrada nos dicionários: fácil de ver ou de entender; simples, evidente. Com essa definição, você começa a ver por que uma estratégia óbvia é tão poderosa. É simples, fácil de entender e evidente. É por isso que funciona tão bem.

É interessante que, quando lhes é apresentada uma estratégia simples, óbvia, muitos clientes não ficam impressionados. Eles procuram, com frequência, uma ideia inteligente, não tão óbvia. O que eu ouço muitas vezes é algo como: "Isto eu já sei. A solução é tão simples assim?". Então eu tenho de começar a falar sobre o que é evidente, algo mais ou menos assim: "Você tem razão, é evidente. Mas se for evidente para você, também será evidente para seus clientes, e é por isso que funciona".

Updegraff alertou para essa reação quando escreveu: "O problema é que o óbvio pode ser tão simples e comum que não atrai a imaginação. Todos nós gostamos de ideias inteligentes e planos engenhosos que dão uma boa conversa na mesa do almoço, no clube. Existe algo no óbvio que é — bem, óbvio demais!".

Para lhe dar uma noção da sabedoria de Updegraff, apresento as orientações para essa busca do óbvio.

CINCO TESTES DA OBVIEDADE

O PRIMEIRO TESTE DA OBVIEDADE eu tirei de Kettering, da General Motors, que o tinha afixado na parede do Edifício de Pesquisa da General Motors, em Dayton:

ESTE PROBLEMA, QUANDO RESOLVIDO, SERÁ SIMPLES.

O óbvio é quase sempre simples — tão simples que às vezes toda uma geração de homens e mulheres olhou para ele sem enxergá-lo. No entanto, se uma ideia for inteligente, engenhosa ou complicada, deveríamos suspeitar dela. Provavelmente, ela não será óbvia.

A história da ciência, das artes e dos grandes desenvolvimentos no mundo dos negócios é uma história de homens que tropeçam em soluções simples para problemas complexos. O sábio provérbio de Kettering poderia ser parafraseado: "A solução, quando encontrada, será óbvia".

O SEGUNDO TESTE DA OBVIEDADE é uma pergunta:

ISSO BATE COM A NATUREZA HUMANA?

Se você não tem certeza de que sua ideia ou plano será entendido — e aceito — por sua mãe, esposa, irmãos, irmãs, primos, seu vizinho, o homem que trabalha na mesa ou máquina ao lado, o mecânico que conserta seu automóvel ou o padre da sua paróquia, seu barbeiro, o gerente da mercearia onde sua esposa faz compras, a pessoa que lustra seus sapatos, sua Tia Mary, sua secretária, a pessoa que divide o banco do trem das 5:29, seus amigos mais extrovertidos — se você não se sentir à vontade para explicar sua ideia "óbvia" para essas pessoas — provavelmente ela não é óbvia.

Essas pessoas verão isso em sua realidade simples, não complicada por conhecimento técnico ou profissional, e livres das inibições que surgem com a experiência.

Coletivamente, elas são uma amostra da natureza humana, e esta realiza ou destrói qualquer plano, ou anula a solução a qualquer problema. É o fator de controle na vida e nos negócios, na ciência e nas artes.

Quer envolva a venda de coisas a pessoas, o pedido de apoio delas, conseguir que elas sigam um determinado curso de ação ou induzi-las a mudar um hábito antigo, se a sua maneira de fazer isso não se adequar à natureza humana, você gastará seu tempo, dinheiro e energia para tentar realizar seu objetivo.

O público é curiosamente óbvio em suas reações — porque a mentalidade do público é simples, direta e não sofisticada.

O TERCEIRO TESTE DA OBVIEDADE é:

COLOQUE NO PAPEL.

Escreva sua ideia, plano ou projeto com palavras de uma ou duas sílabas, como se estivesse explicando-o a uma criança.

Você pode fazer isso em dois ou três parágrafos curtos, de modo que faça sentido? Se não fizer, se a explicação se tornar longa, engenhosa, complicada — então muito provavelmente não será óbvia. Pois, para repetir: "Quando você encontrar a resposta, ela será simples".

Não há ideia ou plano, nem projeto óbvio se não puder ser entendido e trabalhado por pessoas de inteligência média.

Com frequência a tentativa de expressar uma ideia ou esboçar um plano no papel mostrará automaticamente sua fraqueza ou complexidades. Às vezes, fazer isso lhe mostrará erros em seu raciocínio e o levará a uma solução simples e óbvia. Certamente, colocá-la no papel é uma maneira rápida de lhe mostrar o que você tem — ou não tem.

O QUARTO TESTE DA OBVIEDADE é:

ISSO EXPLODE NA MENTE DAS PESSOAS?

Se, quando você apresentou sua ideia, esboçou a solução para um problema ou explicou seu plano, projeto ou programa, as pessoas disseram: "Nossa, por que não pensamos nisso antes?", você pode se sentir encorajado. Pois é muito provável que as ideias óbvias produzam essa reação mental "explosiva".

Em muitas situações, desse momento em diante, toda dúvida parece ser sanada sem maiores explanações ou discussões. É simplesmente óbvio demais para exigir consideração prolongada. No entanto, mesmo com esse tipo de reação, em geral, é aconselhável guardar [sua] decisão por um dia. Pois, às vezes, há falhas que só aparecem depois de uma noite de sono.

Se uma ideia ou proposta não "explodir", se ela exigir explanação demorada e envolver horas de exposição, ou ela não é óbvia ou você não a absorveu e a reduziu a uma simplicidade óbvia.

As "explosões" mentais são reveladas pelo que as pessoas dizem, pela luz que ilumina suas faces, pela aceitação que se revela no olhar delas, quando entendem uma ideia óbvia. Este é um dos testes infalíveis da obviedade.

O QUINTO TESTE DA OBVIEDADE é:

É A HORA CERTA?

Muitas ideias e planos são óbvios por si mesmos, mas obviamente são expostos "no momento errado". Verificar o momento certo com frequência é tão importante quanto verificar a ideia ou o plano em si.

Às vezes, o momento pode ter passado, definitiva e irrevogavelmente; e nesse caso, o óbvio a fazer é esquecer sua ideia. Em outros casos, o momento certo está adiante, e isso exige paciência, mais atenção.

O presidente de uma grande fabricante de borracha certa vez me mostrou seu armário do futuro, onde muitos artigos incomuns eram total ou parcialmente feitos de borracha e estavam à frente de seu tempo. Esses artigos tinham sido desenvolvidos nos laboratórios de pesquisa da empresa, mas na época custavam caro demais para competir com os mesmos artigos feitos de outros materiais. Então estavam guardados "na prateleira" até que o preço fosse competitivo, através do desenvolvimento de métodos mais baratos de produção, ou quando houvesse alta de custos de artigos concorrentes. (Desde então, alguns dos produtos guardados nesse armário têm sido comercializados com sucesso e hoje são bastante comuns.)

Depois do primeiro teste — a exigência de simplicidade —, o teste do tempo talvez seja a averiguação mais importante sobre a obviedade de um plano ou programa

"Uma das virtudes cardinais", escreveu Emerson em seu Diário, "é o momento oportuno. Meu vizinho, um fabricante de carruagens, faz trenós durante o todo o verão, e durante todo o inverno faz charretes leves e coloridas para junho e agosto; e assim, nos primeiros dias da nova estação, está preparado..."

Estar preparado é fazer as coisas na hora certa; e fazer as coisas na hora certa é um requisito óbvio.

Depois de ler todas essas palavras de puro bom senso, você poderia estar pensando que de fato isso é simples demais para os tempos atuais.

Bem, o restante do livro o levará para uma viagem através do mundo de negócios atual, para lhe mostrar que o que Robert Updegraff escreveu em 1916 ainda faz muito sentido hoje. De fato, quando você considera a confusão do marketing, faz ainda mais sentido. Mas, antes disso, vamos parar e conversar sobre o bom senso e como ele o ajudará em sua busca.

Bom Senso É o Seu Guia

Abraham Lincoln deu um conselho brilhante sobre como imaginar o que fazer: "Você deve recorrer à linguagem, à lógica e ao simples bom senso para determinar questões essenciais e estabelecer um curso de ação concreto". Infelizmente, os executivos com frequência deixam seu bom senso no estacionamento quando vão trabalhar.

O bom senso é a sabedoria partilhada por todos. É algo que se registra como verdade óbvia para uma comunidade.

Ideias simples tendem a ser óbvias porque têm uma aura de verdade. Mas as pessoas não confiam em seus instintos. Elas acham que deve haver uma resposta oculta, mais complexa. Errado. O que é óbvio para você é óbvio para muitos. É por isso que uma resposta óbvia, em geral, funciona tão bem no mercado.

Um dos segredos dos gurus destacados é começar com uma ideia simples, óbvia, e torná-la complexa. Um comentário na revista *Time* sobre o livro de Stephen Covey captou esse fenômeno:

> A genialidade dele consiste em complicar o óbvio, e como resultado seus livros são visualmente caóticos. Gráficos e diagramas tomam as páginas. Barras laterais e caixas de texto cortam os capítulos em pedaços. A prosa é repleta de clichês — sem as quais seus livros murchariam como um pneu furado. Ele usa mais pontos de exclamação que Gidget.

A definição de bom senso no dicionário é "bom julgamento que está livre de viés emocional ou sutileza intelectual". Ele também não depende de conhecimento técnico especial.

Em outras palavras, você está vendo as coisas como elas realmente são. Você está seguindo os ditados da lógica fria, eliminando tanto sentimentos quanto interesses próprios de sua decisão. Nada poderia ser mais simples.

Considere este cenário. Se você tivesse que perguntar a 10 pessoas escolhidas ao acaso se um Cadillac venderia bem caso fosse parecido com um Chevrolet, praticamente todas elas diriam: "Não venderia muito bem".

Essas pessoas não estão usando nada além de bom senso em seu julgamento. Elas não têm dados nem pesquisa para apoiar sua conclusão. Também não têm conhecimento técnico nem refinamento intelectual. Para elas, um Cadillac é um carro grande e caro, enquanto um Chevrolet é um carro menor, mais barato. Elas estão vendo as coisas como são realmente.

Mas na General Motors (GM), os dirigentes vêem o mundo como querem e não como ele é realmente. O bom senso foi ignorado e nasceu o Cimarron. Não é de surpreender que não vendeu bem. (E estamos sendo generosos.)

Essa foi uma lição aprendida? Parece que não. A GM voltou para o Catera, outro Cadillac que se parece com um Chevrolet. Como seu predecessor, não vendeu muito bem porque não fazia sentido. Você sabe disso e eu também. A GM não quis entender isso.

Como disse Henry Mintzberg, titular da cadeira de administração em McGill University: "A administração é um fenômeno curioso. É remunerada generosamente, tem enorme influência e é significativamente destituída de bom senso".

Leonardo da Vinci viu a mente humana como um laboratório para reunir material dos olhos, orelhas e outros órgãos de percepção — material que então foi canalizado através do órgão do bom senso. Em outras palavras, o bom senso é um tipo de super sentido que controla nossos outros sentidos. É um super sentido no qual, nos negócios, muitos se recusam a confiar.

Talvez devêssemos corrigir isso. Você não precisa estar nos negócios para ignorar o simples bom senso. Considere o complexo mundo dos economistas, um grupo que procura tirar vantagem do bom senso a todo custo.

Não há nada que os economistas gostem mais do que dizer aos não iniciados que a clara evidência dos sentidos está errada. Eles tendem a ignorar a condição humana e a afirmar que essas pessoas são "maximizadoras da utilidade". No jargão econômico, nós nos tornamos "calculadoras de interesses próprios". Para os economistas, se todos nós tivermos informações suficientes, tomaremos decisões racionais.

Quem está ligado ao mundo do marketing há algum tempo percebe que as pessoas às vezes são bastante irracionais. Agora mesmo estamos lotados de automóveis concebidos para transitar fora de vias pavimentadas. Mas alguém deixa de andar em ruas pavimentadas? Menos de 10 por cento. As pessoas precisam desses veículos? Na verdade, não. Por que elas os compram? Porque todos estão comprando. Isso é "racional"?

O mundo não pode ser colocado em fórmulas matemáticas. Isso é irracional demais. Mas é assim.

Agora algumas palavras sobre o refinamento intelectual.

Uma empresa está errando frequentemente quando se apoia em pesquisas e argumentos sutis sobre os rumos que o mundo tomará. (Ninguém sabe realmente, mas muitos fazem de conta que sabem.) Essas visões são cuidadosamente elaboradas e, em geral, se misturam a pressupostos falsos disfarçados como fatos.

Por exemplo, muitos anos atrás a Xerox foi levada a crer que, no escritório do futuro, telefones, computadores e copiadoras, tudo seria um sistema integrado. (Previsão ruim.) Para participar desse mundo, você precisaria oferecer tudo. Por isso, a Xerox precisava comprar ou fabricar computadores e outros equipamentos que não eram copiadoras, a fim de participar desse mundo que em breve seria automatizado.

A Xerox foi informada de que poderia fazer isso, porque as pessoas a viam como uma empresa de alta tecnologia, qualificada. (Esse era um pressuposto falso.) As pessoas a viam como uma fabricante de copiadoras.

Vinte e cinco anos e vários bilhões de dólares mais tarde, a Xerox percebeu que o escritório do futuro ainda não chegou no futuro. E qualquer máquina Xerox que não possa fazer uma cópia terá problemas. Foi uma lição difícil, em que o conhecimento técnico e o refinamento intelectual superaram o bom julgamento.

Finalmente, alguns pensamentos sobre o ensino em uma escola de negócios, as quais parecem fazer o senso comum submergir.

Quando os estudantes terminam seu primeiro ano, eles já têm um domínio excelente dos vocábulos e expressões que os identificam como pretendentes a MBA. Eles já estão familiarizados com jargões como "relação risco/recompensa", "fluxo de caixa descontado", "valor esperado" e assim por diante.

Depois de um tempo, toda essa linguagem incomum supera o pensamento crítico e o bom senso. Você tem a aparente deliberação onde esta pode não existir.

Ross Perot, em visita à Harvard Business School, observou: "O problema com vocês é que o que vocês chamam de varredura ambiental, eu chamo de olhar pela janela".

Para pensar em termos simples, óbvios e de bom senso, você deve começar a seguir estas quatro diretrizes:

1. *Tire seu ego da situação.* O bom julgamento se baseia na realidade. Quanto mais você seleciona coisas por meio de seu ego, mais longe está da realidade.
2. *Evite imaginar como você gostaria que as coisas acontecessem.* Todos nós queremos que as coisas aconteçam de certa maneira. Mas o que acontece foge ao nosso controle. O bom senso comum tende a estar em sintonia com a maneira como as coisas ocorrem.
3. *Melhore sua capacidade de ouvir.* O bom senso, por definição, se baseia no que os outros pensam. Pensar é uma capacidade comum a todos. As pessoas que não têm ouvidos perdem acesso ao bom senso.
4. *Seja um pouco cínico.* Às vezes, as coisas parecem o oposto da maneira como elas são realmente. Isto acontece frequentemente porque as pessoas perseguem seus próprios interesses. O bom senso se baseia nas experiências de muitos, e não em como alguns gostariam que as coisas fossem.

Os executivos deveriam confiar no bom senso. Ele os levará obrigatoriamente ao óbvio.

CAPÍTULO
2

O Que Atrapalha o Óbvio

Existem forças em jogo que não facilitam a pesquisa ou, às vezes, nem a viabilizam. Elas tendem a obstruir o pensamento claro. Algumas forças são externas. Algumas, internas. Todas são coisas das quais você pode ter ciência. Ser advertido é estar preparado.

A Busca Começa e Termina com o Diretor Executivo

Se a direção da empresa não estiver envolvida, é provável que você não chegue a lugar nenhum em sua busca pelo óbvio. No passado, o diretor executivo de sua grande empresa ficava muito atrás da linha de fogo. Quando as coisas iam mal, sempre havia a quem culpar e demitir. Mas hoje, a história é diferente. A responsabilidade para no escritório do CEO.

E não é uma tarefa fácil, e é por isso que tantos diretores executivos deixaram seus cargos a contragosto nos anos recentes. A verdade é que muitos diretores executivos de grandes empresas mal estão no controle do destino de suas empresas, muito menos de seu próprio destino. Há uma legião crescente de concorrentes que os enfrentam, vindos de todo canto do mundo. As tecnologias estão mudando constantemente, ameaçando o seu negócio principal e forçando-o a se transformar. O ritmo de mudança está mais acelerado que nunca. George Fisher, da Kodak, tentou se adaptar, mas não parece que a Kodak terá muitas alegrias na era digital.

Está cada vez mais difícil para os diretores executivos digerirem a enxurrada de informações e fazerem as escolhas certas.

Mas isso pode ser feito.

O truque para sobreviver é saber para *onde* você está indo. É por isso que ninguém poderá segui-lo (o conselho de diretoria, seus gerentes, seus funcionários) se você não souber para onde vai.

Muitos anos atrás, em um livro chamado *The Peter Principle*, os autores Lawrence Peter e Raymond Hull fizeram esta observação:

> A maioria das hierarquias hoje em dia está tão entravada com regras e tradições, e tão atrelada à legislação pública que mesmo os funcionários mais graduados não precisam conduzir ninguém para lugar algum no sentido de apontar a direção e estabelecer o ritmo. Eles simplesmente seguem as práticas estabelecidas, obedecem às regras e se movem à frente da multidão. Esses funcionários só lideram no sentido de que a carranca está na proa do barco. (p. 68)

Se existe uma lição sobre a busca pelo óbvio que os verdadeiros líderes precisam entender, é esta:

O sucesso ou o fracasso se relaciona a todos os problemas e oportunidades percebidos no mercado. E trata-se de entender que as percepções na mente dos clientes estão onde você ganha ou perde.

Lembre-se, a ideia óbvia deve explodir na mente.

Você não pode se deixar levar por aquelas apresentações maravilhosas de seus executivos sobre como sua empresa pode fazer um produto melhor ou alavancar sua distribuição melhor, ou criar uma forma melhor de colocar sua força de vendas no mercado. Você precisa se concentrar em se adaptar à mente do cliente potencial (*prospect*), em vez de tentar mudá-la. É difícil, senão impossível, mudar a mente de uma pessoa. Quanto mais você entende a mente de seus clientes, existentes ou potenciais, menor a probabilidade de ter problemas.

Certa vez, perguntei a um ex diretor executivo da General Motors se ele já questionou a proliferação de modelos que eventualmente destruíram o significado das marcas da empresa. (Ele era da área financeira, com pouca formação em marketing.)

Aquela pergunta o fez parar e ponderar durante alguns segundos. A resposta dele: "Não, mas eu me lembro de pensar que estava ficando um pouco confuso". Ele tinha razão de se preocupar, mas não conseguiu agir de acordo com seus instintos. O pressuposto dele era que seus executivos sabiam o que estavam fazendo. Isso se revelou um pressuposto falso. Mas levou vários anos para que esse erro fosse sentido na General Motors. Hoje, graças à concorrência intensa, os erros são sentidos em questão de meses, e não anos. É por isso que o marketing é tão importante para ser relegado a um segundo plano. Para sobreviver, um diretor executivo precisa assumir a responsabilidade final do que chega ao mercado. Afinal, é o cargo dele que está em jogo.

Digamos que você tenha se concentrado em seus concorrentes e imaginado as forças e fraquezas deles na mente do público-alvo. Você foi atrás daquele atributo ou ideia diferencial óbvia que funcionará no campo de batalha mental.

Então você concentrou todos os esforços para desenvolver uma estratégia coerente para explorar aquela ideia. E está disposto a fazer as mudanças dentro da organização para explorar as oportunidades que se apresentam lá fora.

Você deve estar disposto a se empenhar para que essa estratégia se desenvolva. Iniciativas de marketing levam tempo para se desenvolver, por isso você deve, mesmo diante da pressão de Wall Street, da diretoria e até de seus funcionários, estar determinado a manter seu curso de ação. Nada demonstra melhor isso que a história da Lotus Development Corporation, a empresa que inventou a planilha para o computador pessoal (PC).

Como você se lembra, eles foram passados para trás pela Microsoft com sua versão da planilha, o Excel para Windows. Desde que a Microsoft inventou o Windows, e a Lotus se atrasou em sua versão de uma planilha para o Windows, a Lotus ficou encrencada. Jim Manzi, o diretor executivo na época, decidiu mudar o campo de batalha. Para ele, a estratégia óbvia tinha de ser *Groupware,* uma vez que eles tinham, no início do desenvolvimento, um produto chamado "Lotus

Notes", que foi o primeiro programa bem-sucedido de *Groupware*. (*Groupware* é um *software* destinado a grupos ou redes para computadores em oposição ao *softwares* para PCs individuais.) Logo, o *Groupware* tornou-se o foco na Lotus e Jim Manzi começou o processo de construção e suporte do negócio Notes/Groupware. Foi necessário um esforço enorme durante cinco anos, mas isso resultou na compra da empresa pela IBM por $3,5 bilhões de dólares. Uma iniciativa corajosa, de longo prazo, livrou-os de um problema que poderia ter sido fatal.

Os diretores executivos tomam decisões inacertadas com frequência, que eventualmente geram problemas sérios. Eles fazem coisas que causam problemas ou não tomam medidas que poderiam evitá-los. Certa vez, sugeri a Herb Kelleher, fundador da Southwest Airlines, que ele considerasse a compra de uma das empresas aéreas de rotas curtas para obter os portões de Nova York, Washington e Boston como uma forma de expandir o Leste. A resposta dele foi perfeita: "Jack, eu adoraria aqueles portões, mas o que eu não quero são os funcionários e os aviões deles". Minha ideia brilhante não funcionaria com a cultura e estratégia singulares da Southwest. Esse tipo de expansão era a coisa óbvia que *não* deveria ser feita.

Quando o perigo ronda, o diretor executivo provavelmente é a única pessoa que pode efetivamente tirar a empresa dessa situação. Ele ou ela é, de fato, o capitão da embarcação — e é por isso que todo diretor executivo deveria ter uma placa na parede onde se lesse simplesmente: **Lembre-se do Titanic.**

O Grande Problema do Marketing: Wall Street

A única coisa que é óbvia para Wall Street é o dinheiro.

Aliás, pobre Krispy Kreme — ele teve uma ascensão meteórica e uma queda vergonhosa. As reportagens diziam que foi causada pela contabilidade "egrégia" para satisfazer a sede de crescimento de Wall Street. A empresa tornou-se um retrato do que pode acontecer com uma marca que está sendo dirigida pelo preço das ações, e não pelo mercado.

O problema é o seguinte: Wall Street, com frequência, cria um ambiente que estimula o acontecimento de coisas ruins, às vezes irrevogáveis. De certa forma, eles montam uma estufa de problemas e, como estufa, seu papel é estimular o crescimento das coisas. O conhecido economista Milton Friedman fez uma colocação perfeita ao dizer: "Não temos uma necessidade premente de crescer. Temos um desejo premente de crescer". Esse desejo de crescimento é o cerne do que pode dar errado para muitas empresas. O crescimento é o subproduto da execução correta das coisas. Mas em si, não é um objetivo válido.

Os diretores executivos perseguem o crescimento para garantir suas gestões e aumentar a remuneração que levarão para casa. Os corretores de Wall Street buscam o crescimento para garantir sua reputação e aumentar sua remuneração.

Mas tudo isso é necessário? Na realidade, não é. Quando se considera que as pessoas fazem coisas prejudiciais para forçar o crescimento desnecessário, pode-se dizer que isso é um crime contra a marca. Leia a seguir uma história verdadeira que ilustra como o desejo de crescer está na raiz de ações prejudiciais.

Fui solicitado para avaliar planos de negócios para uma grande empresa de medicamentos multimarcas. Os gerentes de marca apresentaram, cada um, seus planos para o próximo ano. No decorrer de uma apresentação, um jovem executivo advertiu sobre a nova concorrência agressiva em sua categoria, que definitivamente alteraria o equilíbrio de poder. Mas quando passou à projeção de vendas, a previsão de aumento era de 15%. Eu questionei como isso poderia acontecer, tendo em vista a nova concorrência.

A resposta dele foi que eles fariam uma manobra no curto prazo e uma extensão de linha. "No longo prazo, isso não afetaria a marca?". "Ah, sim", ele admitiu. Então, por que fazer? Porque o chefe dele o fez incluir o aumento e eu teria que falar com o chefe para ter mais esclarecimentos.

Uma semana depois, o chefe dele admitiu ter problemas, mas disse que o chefe *dele* precisava do aumento por causa, adivinhem, de Wall Street.

Considere a saga do McDonald's. Não faz muitos anos que as vendas e lucros deles estacionaram. Logo, o então diretor executivo Jack Greenberg fez o que a maioria dos diretores determinados faria: desenvolveu algo chamado *New Tastes Menu* — uma coleção complexa de 44 itens que seriam revezados entre os franqueados. Tudo o que isso fez foi tornar as operações mais lentas e produzir filas nas caixas registradoras. Fast food, a comida servida rapidamente, passou a demorar para chegar, e vieram as reclamações.

Tudo isso foi mudado com a campanha "de volta ao óbvio", do diretor executivo Jim Cantalupo. Ele pulou fora do crescimento ditado por Wall Street e retomou a necessidade de qualidade, limpeza e melhoria de produtos e serviços. Como ele disse: "Tiramos os olhos das fritas". O sucesso renovado do McDonald's não significava tanto "Amo muito tudo isso" — mas "Estou concertando isso".

Você já quis saber por que empresas com tanto sucesso como a Milliken ou a Gore-Tex raramente aparecem na imprensa? É porque ninguém está olhando para seus números, trimestre após trimestre. Eles só precisam se preocupar com seus negócios. E se eles estão satisfeitos com isso, é o que importa. Isso me faz lembrar ainda de outra história.

O Pescador Tico[1] e o Analista de Wall Street

Um empresário americano estava no píer de um vilarejo na Costa Rica quando um pequeno barco com um pescador atracou. Dentro havia vários atuns amarelos, muito grandes.

O americano cumprimentou o pescador tico pela qualidade de seu peixe e perguntou quanto tempo ele levou para pescá-los.

O pescador respondeu: "Só um pouquinho". Então o americano perguntou por que ele não ficou mais tempo para pescar mais. E o pescador disse que ele tinha o suficiente para cobrir as necessidades imediatas da família.

Então o americano perguntou: "Mas o que você faz o resto do tempo?".

E o pescador respondeu: "Durmo tarde, pesco um pouco, brinco com meus filhos, faço a sesta com minha esposa Maria, ando pela vila à noite, onde tomo vinho e toco violão com meus amigos. Tenho uma vida plena e ocupada, *señor*".

O americano disse, com ironia: "Sou executivo de Wall Street e posso ajudá-lo. Você deveria gastar mais tempo pescando e, com os rendimentos, compraria um barco maior e uma página na Web. Um plano para progredir lhe forneceria capital para ter vários barcos novos. Eventualmente, você teria uma frota de barcos pesqueiros. Em

---

[1] N.E.: "Tico" é o nome comumente usado para se referir aos nativos da Costa Rica. (http://en.wikipedia.org/wiki/Culture_of_Costa_Rica).

vez de vender o que pesca para um intermediário, você venderia diretamente para o processador e poderia abrir sua própria fábrica para enlatar o peixe. Você controlaria o produto, o processamento e a distribuição. Precisaria sair dessa pequena vila costeira e mudar-se para San Jose, Costa Rica, então para Los Angeles e eventualmente para a cidade de Nova York, onde terceirizaria as tarefas, o que o ajudaria a dirigir o empreendimento em expansão em um mercado vertical".

O pescador tico perguntou: "Mas, *señor*, quanto tempo tudo isso levaria?".

O americano respondeu: "De 15 a 20 anos".

"Mas, então, *señor*?"

O americano riu e disse: "Essa é a melhor parte. Quando chegar a hora certa, você anunciará uma Oferta Pública Inicial, venderá ações de sua empresa ao público e ficará muito rico. Você ganhará milhões".

"Milhões, *senõr*? E daí?"

O americano disse: "Então você se aposentará, se mudará para um pequeno vilarejo costeiro onde poderá dormir tarde, pescar um pouco, brincar com os filhos, fazer a sesta com sua esposa e andar pela vila à noite, onde tomará vinho e tocará violão com seus amigos".

Moral: Se você tem um bom negócio, não tente crescer meramente por crescer.

Sem Tempo para Pensar

Esta seção poderia ser intitulada: "Uma lenda de três reuniões". É uma história triste sobre a situação atual. Também é uma história que ninguém escreve, mas deveria.

A primeira reunião aconteceu tempos atrás na Intel. Eu estava lá para discutir estratégia em uma sala de conferência cheia de executivos de nível médio. Quando começou, todos colocaram um aparelho eletrônico e um *organizer* (agenda de planejamento pessoal) na mesa. O que ocorreu em seguida poderia ser descrito como "inveja dos aparelhos", quando começaram os comentários sobre os dispositivos eletrônicos. Nesse ponto, entrei na conversa e perguntei o que eles faziam com aqueles aparelhos. Já que eu não trazia aparelho nenhum, parecia que tinha me esquecido de algo.

Depois de descreverem todas as suas atividades com os aparelhos, comentei que tudo o que eles mencionaram, minha assistente Ann fazia para mim. Minha pergunta foi: "Por que estão gastando tempo com as atividades de um assistente?". Constrangidos, eles reconheceram o que eu disse, mas explicaram que as assistentes tinham todas ido embora da Intel — com uma exceção. O então diretor executivo, Angy Grove, tinha três assistentes. O problema coletivo dos executivos de nível médio: eles não tinham tempo para pensar.

Agora vamos dar um salto para frente, para uma reunião que tive com Nancy Pelosi, a porta-voz da Câmara dos Deputados dos Estados Unidos. Era sobre a estratégia para as eleições de 2006. O problema dela não eram os aparelhos eletrônicos; era o fluxo constante de assistentes que lhe passavam anotações até quando ela estava fazendo um discurso. E quando isso parou, a maior parte do tempo livre era dedicada à captação de recursos. Ela não tinha tempo para pensar.

Em duas reuniões, estava clara a tragédia de nossos tempos. Com os mundos empresarial e político tornando-se mais complexos e difíceis, as pessoas, os celulares, BlackBerrys ou simplesmente o excesso de comunicação, ter tempo para selecionar, lidar com os problemas e decidir o que fazer é algo que está desaparecendo rapidamente. Descobrir o óbvio exige tempo para pensar.

Nós nos tornamos um mundo de reagentes, e não pensadores, em uma época em que saber pensar é uma necessidade premente. Nos negócios, são os mercados em rápida segmentação ou a concorrência, além das novas tecnologias. No governo, são países se segmentando rapidamente, mudanças demográficas e novas disputas. Em ambos os casos, tomar decisões inacertadas custará como nunca antes.

Logo, o que deve ser feito? Em primeiro lugar, todos nós temos de reconhecer esse problema. Os executivos precisam entender que estão viciados em aparelhos. Os políticos precisam entender que estão viciados em levantar recursos. Ambos os grupos precisam se forçar a dedicar mais tempo para pensar.

Então as pessoas precisam trabalhar muito para não se deixarem levar pelas informações, muitas das quais são de pouca utilidade para a tomada de decisões importantes. Ignore-as. Não as leia. Não as ouça.

A melhor arma que teremos contra o excesso de informação é nosso bom senso. Confie nele e use-o. Se você seguir este conselho, verá que será mais fácil resolver os problemas. Isso lhe dará mais tempo para pensar em como vender as soluções a quem for. Vender é a parte difícil, que lhe tomará muito tempo e energia. Pois você está na terra do ego, das más decisões prévias e de pessoas cheias de compromissos. Mas se você tiver confiança em suas próprias soluções óbvias e fizer uma apresentação cuidadosa, terá uma grande vantagem.

Tendo isso em mente, vou terminar com mais uma história sobre reuniões. Foi em meus primeiros dias na General Electric. Eu estava em uma sala de conferência com um antigo gerente de marketing, um sujeito ríspido a quem eu descrevia uma estratégia para vender mais motores elétricos. Ele não estava olhando para o meu *flip chart*. Olhava para fora da janela. De repente, ele notou meu desconforto. Ele disse: "Garoto, pare com essa apresentação. Nosso problema não está no mercado. Está aqui, neste prédio. Faça-me uma apresentação que possa fazer todo filho da mãe neste prédio se voltar para a mesma direção, e nós possamos acabar com qualquer coisa lá fora". Foi uma lição que eu nunca esqueci.

Mas cuidado; para identificar a coisa óbvia a fazer e vender a solução, você terá de ter tempo para pensar. Terá de combater as distrações e descartar todas as informações de que não precisa realmente. Só posso lhe desejar boa sorte.

A Pesquisa Pode Obscurecer o Óbvio

Uma das armadilhas da indústria de pesquisa de marketing, a qual envolve vários bilhões de dólares, é que os pesquisadores não são pagos pela simplicidade. Em vez disso, eles parecem ser pagos pelo volume de dados. Outra história verdadeira pode ser conveniente.

Eu estava em um escritório de um gerente de marcas na Procter & Gamble. O problema era o que fazer com uma de suas maiores marcas. Eu fiz uma pergunta simples sobre a disponibilidade da pesquisa deles. Fiquei surpreso com a resposta: "Pesquisa? Temos um computador cheio delas. De que forma você as quer? De fato, temos tantas pesquisas que não sabemos o que fazer com elas".

Uma enxurrada de dados nunca deveria arrastar seu bom senso e suas impressões do mercado. Você nunca enxergará a solução óbvia.

Vale rever o que essa enchente está levando embora. Verifiquei com Robert Passikoff, da BrandKeys, minha agência preferida de pesquisas. Aqui vão algumas observações dele e minhas:

- A consciência que o cliente tem de uma marca ou produto não está ligada ao comportamento real dele. Nem reforça (ou cria) a diferenciação de marca. De fato, ainda que a frase "não há nada que uma boa dose de *awareness*[2] não cure" tenha se tornado algo como uma piada no setor de pesquisa, tais estudos continuam sendo realizados. Uma observação a todos: todo mundo tem ciência sobre quem é a GM, mas ninguém está comprando os carros da empresa.

- Estudos de segmentação o ajudam a identificar segmentos de mercado, mas serão segmentos que você quer realmente? Ou precisa? Ou para os quais pode comercializar? Com frequência, esses estudos acabam identificando segmentos aos quais você de fato não tem acesso através de qualquer meio conhecido. Mas eles estão lá. E então existe o problema de mudar sua estratégia para atrair segmentos diferentes. Quando você se torna tudo para todos, torna-se nada na mente do cliente.

- Tabulações cruzadas lhe permitem selecionar os dados de acordo com o conteúdo desejado, mas com que finalidade, e para amostras de que tamanho? Muitos dados, mas sem esclarecimentos ou diferenciação real.

- Estudos sobre a satisfação do cliente só lhe dizem o que aconteceu na última vez, e nada sobre o que vai acontecer em seguida. Eles não lhe dizem praticamente nada sobre a marca e, de qualquer forma, hoje, se você não puder satisfazer o cliente, não manterá os negócios por muito tempo.

- A etnologia visual ganhou importância recentemente. Significa literalmente um "retrato de pessoas". Os pesquisadores acompanham os consumidores para ver como eles interagem com o produto. De algum modo, a maneira deles se relacionarem com um produto indicará como diferenciar a marca. Aqui a

---

[2] N.E.: **Awareness** é o termo em inglês usado em marketing que mede a percepção do consumidor e identifica as marcas conhecidas por ele. (http://pt.wikipedia.org/wiki/Awareness)

interpretação mostra seu lado negativo. Os resultados diferem de um observador para outro e o que é produzido está aberto para múltiplas interpretações consistentes — e inconsistentes — com vários pontos de vista pessoais.

- As pesquisas mais recentes parecem estar usando a neurociência para medir marcas, propaganda e a transmissão da mensagem. Baseiam-se em um corpo de pesquisa sobre como o cérebro humano processa estímulos como propagandas. E se você for colocado em uma máquina que é a mistura de um eletroencefalograma e uma cadeira elétrica, os pesquisadores são capazes de acompanhar respostas cerebrais a mensagens a cada milionésimo de segundo. Nada invasivo, perturbador ou fora do comum nisso! E de novo, comprovado.

- Finalmente, um de meus exemplos preferidos da tolice é o teste de resposta galvânica da pele. Você realmente pode usar uma camisa que monitora a corrente elétrica que passa na superfície de sua pele. Quando você é "estimulado" por uma propaganda ou produto, o pesquisador "nota" um aumento da resposta galvânica da pele.

Os pesquisadores podem prometer revelar atitudes, mas estas não são uma previsão confiável do comportamento. As pessoas frequentemente falam uma coisa , mas agem de outra forma. Mark Twain ressaltou isso ao observar: "Você não consegue arrancar a verdade de alguém até que ele morra, e muito tempo depois de sua morte". O que você quer realmente é uma amostra rápida das percepções que existem na mente. Não pensamentos profundos ou sugestões. O que você quer são as forças e fraquezas perceptivas de seus concorrentes, da forma como existem nas mentes do grupo-alvo de consumidores.

E já que a maior batalha de marketing acontece na mente, você precisa de nada mais, nada menos que isso. Quase todo o resto só o confundirá.

CAPÍTULO
3

A Internet Pode Ser um Problema Óbvio

Nada no mundo do marketing e dos negócios tem sido alvo de tantos comentários. Mas cuidado, esta não é a solução definitiva. São novas formas de alcançar as pessoas com sua ideia óbvia. É apenas mais uma ferramenta, mas ela pode confundir as coisas.

Aglomerado de Informações

A busca pelo óbvio exige clareza de pensamento. Mas no mundo conectado de hoje, está cada vez mais difícil pensar com clareza.

Considere o que William James, um psicólogo e filósofo renomado, disse sobre o assunto: "A arte de ser sábio é a arte de saber o que desprezar".

A complexidade nos negócios é alimentada pela quantidade crescente de informações que são canalizadas para o mundo dos negócios em tantas formas quantas o Vale do Silício puder inventar. Não há como escapar do que David Shenk descreveu em seu livro *Data Smog*, a "sujeira e os resíduos nojentos da era da informação".

Atualmente, o processamento de informações responde pela metade do produto nacional bruto. Muitas delas acabam em um papel que alguém precisa ler. Isso não está ajudando. A estatística a seguir pode amedrontá-lo, mas hoje se espera que os gerentes de empresas leiam um milhão de palavras por semana. (Você tem tempo para ler tudo isto?)

Peter Drucker concorda. "Os computadores", diz ele, "podem ter causado mais prejuízo que bem, tornando os gerentes ainda mais voltados para dentro de si. Os executivos estão tão encantados com os dados internos gerados pelo computador — e é só isso que ele está gerando até agora, de modo geral — que não têm cabeça nem tempo para o que está no mundo afora. No entanto, só há resultados fora. Encontro um número cada vez maior de executivos cada vez menos informados (sobre o mundo externo)."

Para dar sustentação à observação de Drucker, um estudo na Austrália indicou que a mente humana só pode processar quatro variáveis por vez. Além desse número, a mente entra em "parafuso" e temos que recomeçar. A alta tecnologia que envolve a comunicação atualmente tende a gerar mais variáveis do que as que somos capazes de processar.

Não é de admirar que o *USA Today* tenha feito um artigo intitulado "Boomer Brain Meltdown" (O Crescente Derretimento do Cérebro) que descreveu como essa geração enfrenta lapsos de memória mais frequentes. De acordo com esse artigo, alguns acreditam que não é a idade a principal causa da perda de memória. É a sobrecarga de informação. A premissa deles é que nossa mente é como a memória de um computador e nossos discos estão cheios.

Considere os números. No passado, você precisava se lembrar apenas do número de seu telefone e seu endereço. Hoje, são os códigos do alarme de segurança, um número da seguridade social e senhas para caixas eletrônicos. Os dígitos estão sufocando as palavras.

Algumas pessoas até acreditam que a sobrecarga de informação se tornará um problema médico. Len Riggio, CEO da Barnes & Noble, prevê que, no século XXI, as pessoas tomarão pílulas para esvaziar suas mentes. "Perder ideias e esquecer será equivalente a perder peso", diz Riggio.

Tenho sugestões menos drásticas para reduzir a informação imediatamente, se você quiser que sua mente opere com eficiência e rapidez máximas. Veja como lutar em plena neblina, enquanto ainda tenta enxergar o que está acontecendo.

O primeiro desafio é reconhecer que você não pode absorver tudo o que pensa que precisa saber.

Uma vez que você domina esse obstáculo mental, as coisas ficam mais fáceis. (Você não precisa responder, nem mesmo ler tudo o que recebe.) A ideia de eliminar informação ativamente é um tabu para alguns. Mas o que parece ser censura é, de fato, autopreservação.

À medida que você limitar o conteúdo, aprenderá a saboreá-lo. Seja insensível ao eliminar todo o barulho. Faça uma limpeza para ter espaço para coisas importantes.

Comece passando duas horas decidindo que fontes de informação e conhecimento são fundamentais para você e seu negócio:

Que *newsletter* e periódicos são leituras "obrigatórias"?

Em que listas de distribuição seu nome deve constar?

Que *sites* na rede devem estar na lista preferencial?

A que associações você deve pertencer?

Reduza tudo ao material da mais alta qualidade e leia isso primeiro. Cancele ou livre-se do que for marginal.

E quando você estiver fazendo a comunicação, seja mais econômico em tudo o que escrever, publicar, divulgar ou postar *on-line*.

Você deve tomar decisões, e não ser um especialista em informações. Se você tiver o privilégio de ter um assistente, peça-lhe para selecionar e marcar o que você precisa ver das revistas de notícias e de pesquisas em seu campo, resumindo matérias e artigos. Isso o ajudará a eliminar tudo o que for bobagem.

Se você não conseguir ter uma sinopse, comece com a tabela de conteúdo das revistas pertinentes. Faça uma varredura para ler resumos de tópicos e artigos. Decida o que você quer ler agora, jogar fora para ler depois, ou salvar.

Mantenha um folder dos artigos ou *mailings* que "parecem interessantes" ou do que "quero ler". São uma boa leitura durante viagens de avião.

Cuidado com o E-mail

As maiores virtudes do *e-mail* são que ele é barato e rápido. E também são os maiores perigos.

Provavelmente você está recebendo centenas de *e-mails* por dia de seus funcionários, amigos, parentes, contatos de negócio, fornecedores e clientes.

Então você adquire um Blackberry ou iPhone e esses *e-mails* simplesmente podem acompanhá-lo para onde você viajar. Você terá de aprender a usar seus polegares para digitar e, mais cedo ou mais tarde, ficará viciado naquela pequena caixa preta. Você está a caminho do que Jeffrey chamou "Infomania", uma doença que pode drenar nossos cérebros.

Ele escreve sobre um estudo britânico que observou que o uso excessivo e diário de recursos tecnológicos como celulares, *e-mail* e envio instantâneo de mensagens pode distrair e prejudicar mais sua acuidade mental do que fumar maconha.

O Instituto de Psiquiatria na Universidade de Londres conduziu experimentos clínicos com funcionários voluntários de escritório para medir como um fluxo constante de mensagens e informação afeta a capacidade de uma pessoa focar nas tarefas de solução de problemas.

Os participantes foram solicitados primeiro a trabalhar em um ambiente tranquilo, e então a trabalhar enquanto estão sendo inundados de *e-mails*, mensagens instantâneas (torpedos) e telefonemas. Embora eles sejam instruídos a não responder a mensagens, os pesquisadores verificaram que a atenção dos sujeitos foi afetada significativamente.

Em vez de estimular a produtividade, o fluxo de dados constante reduziu seriamente sua capacidade de se concentrar. O estudo relatou que o QI de um trabalhador médio cai 10 pontos quando distraído pelo toque de telefones e *e-mails* recebidos, mais do que duas vezes a queda de quatro pontos vista em um estudo realizado em Carleton University, em 2002, sobre o impacto de fumar maconha.

Dados demais pedem a atenção consciente. Tudo quer evoluir para informação e, então, para conhecimento. Decidir o que ignorar exige esforço intelectual e, inevitavelmente, a qualidade do trabalho é afetada.

E a qualidade de vida também.

O estudo mostrou que 62% dos adultos são literalmente viciados em checar os *e-mails* e mensagens de textos durante reuniões, à noite e nos fins de semana.

Metade dos trabalhadores responde a *e-mails* imediatamente ou dentro de 60 minutos, e uma em cada cinco pessoas interrompe com satisfação uma reunião de negócio ou social para responder a um *e-mail* ou a uma mensagem por telefone no intervalo de 60 minutos.

O estudo adverte quanto ao abuso da tecnologia sempre presente e chama essa condição endêmica de infomania. Se você percebe os primeiros sinais dessa doença, aqui vão algumas dicas:

- Decida se você realmente abrirá e lerá o *e-mail* pelo que está no cabeçalho. Faça uma seleção por assunto e por remetente. Dê prioridade a mensagens de seus clientes e do chefe.
- Procure filtros em seu programa de *e-mail*. Os filtros lhe permitem priorizar mensagens de pessoas-chave e separá-las das outras.
- Primeiro, deixe sua carga mais leve. Não coloque seu endereço de *e-mail* no cartão de visita. Dê o *e-mail* apenas a pessoas que precisam dele.
- Abra o *e-mail* apenas em horários estabelecidos — talvez quando começa a trabalhar ou no final do dia. O aspecto positivo do *e-mail* é que a outra pessoa não sabe quando você o leu, ou se o abriu. Se o seu computador indica constantemente os *e-mails* que chegam, e se você responde constantemente, os malandrinhos se multiplicam.
- Envie respostas breves. Desencoraje as pessoas de escrever *e-mails* longos ou de deixar mensagens de voz longas.
- A menos que você esteja aposentado, peça aos amigos para não lhe enviarem piadas, aquelas mensagens comuns, *chat* e outras mensagens inúteis.

Se você só precisa receber dados objetivos ou opiniões que solicitar, use *e-mail* ou fax. Mas se um assunto precisa ser discutido, não use *e-mail*. Pegue o telefone ou desça até o saguão para discuti-lo.

E não fique seduzido pela disponibilidade infindável de novos recursos que são oferecidos e que fazem tudo o que se pode imaginar.

Este recurso torna sua vida mais simples? Torna o executivo mais produtivo? Mais eficiente? Você está brincando! O catedrático Hugh Heclo, da George Mason University, observa: "No longo prazo, o excesso de tecnologia significa que a vantagem comparativa muda daqueles que se empanturram de informação para aqueles com conhecimento ordenado, daqueles que podem processar vastas quantidades de material para aqueles que podem explicar o que vale a pena saber e por quê".

Por isso, enquanto você luta em meio à neblina, lembre-se:

- Há uma diferença entre dados e informação.
- Você pode ficar viciado em seu aparelho preferido de comunicação.
- Não acumule informação. Você pode recuperar qualquer coisa eletronicamente.
- A maioria das solicitações não é tão urgente quanto o emissor acredita ser.
- Separe sempre as mensagens urgentes das não urgentes.
- Responda sempre brevemente e com objetividade. Não acrescente mais ruído que sinais.

O Marketing Boca-a-Boca É Tudo o Que Deveria Ser?

De repente, todos estão falando do marketing boca-a-boca. Você pode dizer que as coisas estão ficando um pouco fora do controle quando descobre que agora existe uma Word-of-Mouth Marketing Association [Associação de Marketing Boca-a-Boca] ou WOMMA. E existem conferências por todo o mundo sobre esse assunto. Uma conferência teve um público de mais de 400 pessoas.

E não para por aí. Agora temos um novo dicionário para aprender. O boca-a-boca agora é marketing básico, marketing evangelista, semeio de produto, marketing influenciador, marketing causal, criação de conversas, *blogging* sobre marcas e programas de referência.

Isso é bom. O que não é tão bom é o marketing desonesto, barato, infiltração, *spam* de comentários, adulterações e falsificações.

Se você for como eu, provavelmente está um pouco confuso com tudo isso, então vamos por partes.

Primeiro, o boca-a-boca não é coisa nova em marketing, muito menos "a próxima coisa genial" que a WOMMA declara. Ter o seu produto endossado por terceiros é o Santo Graal. Ele dá mais crédito ao seu produto. Em outros tempos, costumávamos experimentar e encontrar os "primeiros adeptos" de um produto. Imaginávamos que eles fossem falantes e adorassem contar a seus amigos e vizinhos sobre seu aparelho novo.

A diferença hoje é que as pessoas têm muitas outras formas de se comunicar. Em vez de serem apenas verbais, agora temos comunicações digitais. O papo on-line ultrapassa de longe o papo por cima do muro em todos os sentidos, com exceção de se saber claramente com quem se está conversando. O problema é que a facilidade de comunicação em massa aumentou o nível de ruído a níveis inimagináveis. Esta é a boa notícia.

Agora vamos às más notícias: quantas pessoas querem realmente conversar sobre produtos? Você quer realmente conversar sobre seu creme dental ou seu papel higiênico? Mesmo pessoas que possuem produtos de prestígio tendem a não conversar sobre eles. Você quer mesmo ser visto com ele. Se for uma Harley Davidson, você faz parte de um clube e é sobre isso que eles conversam. Mas eles não precisam fazer alarde.

Nenhum produto recebeu tanta atenção e relações públicas quanto a *scooter* giroscópica Segway. O problema é que a maioria dos comentários foi negativa. "É engraçada ou perigosa nas calçadas" não é o que você quer ouvir. Os comentários podem arrasá-lo se você não tiver o produto certo.

A nova filmagem de King Kong, muito cara, foi um furo por causa de muito boca-a-boca negativo. "Longo demais, barulho demais e exagerado." O Pontiac G6, dado como prêmio no programa Oprah, gerou muitos comentários, mas o carro morreu na bilheteria. As pessoas o teriam se o ganhassem, mas não pagariam por ele. É preciso ter um produto ou serviço sobre o qual as pessoas desejem fazer comentários positivos, e não há muitos desses por aí.

Mas agora vêm as piores notícias: como você consegue que as pessoas digam a coisa certa ou falem sobre a ideia óbvia? Não há como controlar esse boca-a-boca. Eu quero abrir mão do controle e deixar os consumidores assumirem minha campanha? De jeito nenhum. O salário deles não está associado ao número de aparelhos vendidos. Se eu passo por todo esse incômodo desenvolvendo uma estratégia de posicionamento para meu produto, quero que a mensagem seja enviada. O burburinho pode fazer com que mencionem seu nome, mas você não pode depender de muito mais que isso. Não são tantas as celebridades ou "bocas" que farão espontaneamente um comercial sobre seu produto *versus* seu concorrente. Nem irão eles verificar com você antes o que terão de dizer.

Tudo isso me traz ao meu boca-a-boca sobre o marketing boca-a-boca. Não é a próxima grande coisa. É simplesmente outra ferramenta em seu arsenal. Se você tem uma maneira de conseguir que seus clientes existentes ou potenciais falem sobre sua estratégia ou diferencial, é incrível. Isso o ajudará, mas você terá que contornar isso com muitas outras iniciativas, inclusive, se me perdoa a expressão, a propaganda. Você não pode comprar bocas da maneira como pode comprar a mídia. E as bocas podem parar de falar sobre você num instante, quando aparecer outro assunto para se conversar.

O que me chamou a atenção foi uma matéria de jornal sobre uma entrevista muito esclarecedora com uma agência de propaganda sobre uma história dessas do mundo do marketing. Todas as perguntas certas foram feitas sobre a Smirnoff, tentando gerar certo burburinho para uma nova bebida do tipo chá gelado. Seguem as perguntas, as respostas e minhas observações sobre as respostas da agência.

P. Por que este programa só apareceu on-line?
R. O cliente não tinha muito dinheiro.
Observação: A Seagram é uma empresa rica. Se o chá gelado com Smirnoff é uma grande ideia, por que não gastar o suficiente para introduzi-lo adequadamente? Meu ex-sócio, Al Ries, e eu escrevemos um livro chamado *As 22 Leis Imutáveis do Marketing*. A vigésima segunda lei foi chamada de Lei dos Recursos: sem recursos adequados, nem mesmo as melhores ideias decolarão. Parece que eles estão violando esta lei.

P. A primeira vez que eu assisti ao vídeo, não sabia que era do chá gelado Smirnoff. Por que o nome da marca e o produto aparecem tão pouco?
R. Não podemos jogar pelas regras da propaganda porque, se as pessoas veem demais o produto, elas o rejeitarão.
    Observação: Este é um grande problema. Introduzir um novo produto que mal seja visível e é facilmente esquecido não vai funcionar.
P. Então supõe-se que a falta de *branding* leva as pessoas a pensar que não é uma propaganda?
R. Isto não o deixa parecer uma propaganda. As pessoas o acham engraçado.
    Observação: Você está divertindo as pessoas e se divertindo ou está tentando vender alguma coisa? Sem uma razão para comprar um produto, você não terá muitas pessoas, além dos curiosos, que o comprarão.
P. Como a falta do nome Smirnoff joga com o cliente?
R. Eles compraram a ideia. Entendem que fazer propaganda não é mais falar para alguém. É se engajar com o consumidor. Você precisa divertir mais. As marcas não são mais anunciantes. São algo com o que os consumidores se envolvem e participam.
    Observação: Isto responde bem às minhas perguntas anteriores. Esta agência se vê no ramo do entretenimento, e não de vendas. Hollywood tornou-se a Madison Avenue. Se for este o caso, só posso acrescentar a famosa frase de Edward R. Murrow: "Boa noite e boa sorte".

Mais uma vez, é importante entender que todas essas novas formas de alcançar os consumidores são apenas novas ferramentas. Você ainda precisa buscar o óbvio: o produto certo, a estratégia certa e a ideia diferenciadora certa em relação à sua concorrência.

Sem dúvida, você poderia obter certa exposição e até alguns compradores por menos dinheiro na internet. Mas como eles dizem, você obtém o que paga. Esse famoso serviço on-line de frango do Burger King gerou muito burburinho e muitos cliques, mas não muito negócio. O que gerou negócio foi lançar The Whopper. Agora existe esse óbvio hambúrguer de carne de vaca.

Considere o release do filme *Snakes on a Plane*. Ele estimulou um vigoroso marketing na internet. A estratégia foi concebida para levar os fãs para o cinema em uma época em que as salas estavam lutando para se manter, contra outras formas de entretenimento. O resultado foi uma grande expectativa por causa do burburinho intenso, mas não muito negócio. Alguns especialistas sugeriram que a parte mais divertida da experiência foi falar sobre o filme na internet, e não ir assistir ao filme. Além disso, quando se fica muito *on-line*, quem tem tempo para ir ao cinema? O burburinho na internet nem sempre se traduz em vendas. E nunca se esqueça de que o objetivo de um negócio é gerar clientes — e não risadas, diversão ou envolvimento.

Minha opinião? Quantas pessoas querem ver um filme sobre cobras em um avião? Só aqueles viciados em filmes de terror que adoram esse tipo de coisa. Quanto ao público em geral, uma ideia ruim é uma ideia ruim, não importa a quantidade de comentários que receba. Nesse caso, você não tinha uma estratégia óbvia, mas um problema óbvio. Mas eu poderia estar errado. O Pontiac gastou todos os seus dólares de marketing para introduzir seu coupê G5 *on-line*. Eles admitem que certamente isso não irá gerar tanta consciência quanto a mídia tradicional, mas alcançarão seu alvo de homens mais jovens.

Atingi-los é uma coisa. Vender é outra. Será interessante ver como tudo isso funciona. Usar a internet para ficar em contato com clientes faz tanto sentido quanto usá-la juntamente com a mídia tradicional. Para mim, usá-la exclusivamente para lançar um produto novo é tentar fazer mais do que o teoricamente possível.

Para o Abismo

A Association of National Advertisers realizou sua conferência anual recentemente. Um após outro, os palestrantes falaram sobre a crescente popularidade do que é conhecido como *alvo comportamental*, em vez de centrarem seus discursos nas atitudes, opiniões ou percepções do consumidor.

A capacidade que a internet tem de monitorar o que os consumidores estão fazendo, acompanhando os *web sites* que eles visitam, está infundindo interesse sobre o que muitos chamam de entender melhor nosso cliente. (Eu chamo isso de ficar totalmente confuso a respeito de seus clientes.) O resultado, de acordo com um palestrante, serão mensagens diferentes, em mídias diferentes, para clientes diferentes. Embora admitir isso seja terrivelmente complexo, eles acham que é assim que será. Digo que muitos serão guiados por tudo isso para o abismo das marcas indistintas, pela confusão irremediável da qual pode ser que nunca se recuperem. Não é assim que se encontra o óbvio.

A Anheuser-Busch mergulhou nisso estudando "ocasiões de uso". Então eles lançaram um projeto on-line ambicioso que oferecia uma programação de entretenimento chamada Bud TV. Mas isso se revelou um fracasso, de modo que o "conteúdo está sendo repensado". Mas minha frase predileta da apresentação deles é: "A programação não tinha nada a ver com nossas marcas". Eu pergunto, então, qual é o propósito de todo esse dinheiro e esforço?

Embora esse pessoal de marketing esteja tentando imaginar como ser tudo para todos, uma categoria atrás da outra está escorregando para a comoditização. Como mencionei anteriormente, enquanto estava trabalhando na revisão de meu livro *Differentiate or Die*, para atualizá-lo, encontrei pesquisas extensas sobre esse assunto, conduzidas pela agência de pesquisa Brand Keys. Seguem os pontos principais:

- O grau de diferenciação diferia por categoria. Na categoria Sabonete, por exemplo, 100% das marcas se diferenciavam. Cinquenta por cento (50%) dos Cartões de Crédito representavam algo na mente do consumidor. Mas os bancos, óleo para carros e 20 outras categorias — quase um terço de todas as categorias examinadas — não tinham marcas diferenciadas. Os produtos e serviços eram conhecidos, mas não conhecidos por qualquer coisa em particular.

- Para explicar isso melhor, pegue a categoria de bancos. Eles produzem um *slogan* sem sentido atrás do outro. O que dizer deste: "Where money lives" (Onde o dinheiro mora). Ou "Embracing ingenuity" (Adotando a inventividade), ou "The clean Swiss bank" (O banco suíço limpo), ou "Here today. Here tomorrow" (Hoje, aqui. Amanhã, aqui). *Slogans* como estes e fusões infindáveis transformaram a categoria em um produto comum.

- Por outro lado, veja uma categoria como a automotiva. Esta tem um número razoável de 38%. Isso significa que você tem um número razoável de marcas diferenciadas como a Toyota (Confiabilidade), a BMW (Dirigibilidade), a Volvo (Segurança), a Mercedes (Engenharia) ou a Ferrari (Velocidade). Também significa que você tem um grande número de marcas estabelecidas no mercado, mas com pouca diferenciação. Pense na General Motors ou na Ford.

- Das 75 categorias medidas, 20 tinham 0% de diferenciação. Centenas de nomes de marca estavam tão indistintos que não representavam nada diferente. Vinte e oito categorias tinham menos de 30% das marcas diferenciadas. Em outras palavras, dois terços dessas categorias não eram bem diferenciadas ou estavam se tornando comoditizadas.

Logo, contra esse pano de fundo, você acaba com a propaganda que não se baseia em por que sua marca é diferente, mas como as pessoas a usam em momentos diferentes. Ou pior que isso, você coloca o nome de sua marca e deixa seus clientes imaginarem o que ela é e quando devem usá-la enquanto você acompanha. O que eles percebem não é tão importante. Se eles pensam que somos todos parecidos, que assim seja.

Senhoras e senhores, este não é o caminho para o óbvio. Esse tipo de pensamento é o caminho para a ruína. Bem-vindo ao abismo.

CAPÍTULO
4

Publicitários Podem Ser um Problema Óbvio

Infelizmente, a maioria dos publicitários procura o criativo, e não o óbvio. Para eles, o óbvio é simples demais e não é suficientemente inteligente. A velha guarda — Leo Burnett, David Ogilvy e Bill Bernbach — entendia isso. A nova guarda, seja quem for, não.

Propaganda como Teatro

Ao longo dos anos, tenho levantado questões sobre a propaganda do Super Bowl e como faltavam nela mensagens de venda — o que é um desperdício imenso quando um comercial de 30 segundos custa US$ 2,7 milhões.

A maioria dos publicitários e suas agências estão criando propaganda para entreter, e não para vender. Poderíamos dizer que eles são todos uns perdulários. São todos meio malucos. Querem arrancar gargalhadas ou chocar. Fazer teatro, e não marketing.

As pessoas reagirão imediatamente às minhas observações e dirão que eu sou antiquado. A defesa delas será que se você gostar do comercial delas, amará o produto delas e o comprará. Bem, caros leitores, a história tem declarado que essa premissa está errada.

Veja o ramo de cerveja. Ninguém despejou tanto dinheiro em propagandas no Super Bowl quanto a Anheuser-Busch. Com os anos, vimos cavalos Clydesdale jogando futebol, sapos conversando, uma tirada engraçada atrás da outra. A mais recente mostra um cavalo Clydesdale empenhado em formar uma equipe. Isso ajuda a vender cerveja? A meu ver, não; o ramo de cerveja está estacionado e em declínio há anos. Os únicos que estão ganhando são as importadoras (Corona) ou cervejas especiais (Sam Adams e companhia). Nenhuma delas era anunciante do Super Bowl.

Refrigerantes à base de cola também entornaram milhões no grande jogo. Isto ajudou a vender refrigerantes? A meu ver, não; a categoria de refrigerante à base de cola está estacionada e em declínio nos anos recentes. Os maiores ganhos têm sido de bebidas esportivas (Gatorade), água e bebidas especiais. Nenhuma delas era anunciante do Super Bowl.

Em vez de criticar comerciais diferentes, vamos fazer algumas observações sobre o que está acontecendo aqui.

Em primeiro lugar, você tem o *fator mídia*. Toda a mídia escreve sem parar sobre todos esses comerciais. Eles escrevem como se estivessem fazendo crítica de filmes ou peças de teatro. Foi engraçada? Ofendeu alguém? Os leitores gostaram? Nunca se pergunta se deu uma razão para se comprar o produto. Aquelas que fizeram exatamente isso são consideradas chatas. Então, o que tem uma agência a ver com o reconhecimento da crítica? Sem dúvida, é de enlouquecer.

A seguir temos o *fator burburinho*. Com a chegada da internet, todos querem ver comentários sobre seus comerciais, uma vez que suas campanhas estão baseadas na *web*. Mas do que as pessoas estão falando? Não é sobre o produto ou por que ele é diferente. Estão falando da piada. Li o comentário de um colunista dizendo que essas visitas na *web* são o "início do processo de venda". Se não há mensagem de venda no comercial, de que processo ele está falando? Com que objetivo as pessoas vão olhar para um comercial ruim *on-line*? Este tipo de pensamento levará, inevitavelmente, a alta gerência a começar a questionar se todo esse alvoroço resulta em vender mais produtos. A resposta óbvia a essa pergunta poderia causar, no longo prazo, problemas ao setor de publicidade.

Finalmente, vou contar uma história verdadeira sobre como é importante um consumidor gostar ou não de sua propaganda. Ela atinge a essência da razão para todo esse "teatro". Ao longo dos anos, tenho sido convidado como especialista em publicidade a inúmeros programas de entrevista em rádio. Em mais de uma ocasião, me perguntaram por que alguns anunciantes produzem comerciais que não são divertidos. Respondo que a maioria dos comerciais "não engraçados" que continuam a ser veiculados é eficaz para vender produtos, ou seriam retirados.

Mas então, faço algumas perguntas e, em geral, recebo as mesmas respostas:

Pergunta: Conte-me sobre um comercial que gostou de ver.

Em geral, a resposta descreve um comercial com uma criança. um cachorro ou algum interesse humano.

Pergunta: O que eles estavam anunciando e quem era o anunciante?

A resposta normalmente é que eles não têm certeza, mas gostam do comercial.

Pergunta: Diga-me sobre um comercial de que você não gostou.

A resposta descreve com frequência o produto, a marca e exatamente qual a sua utilidade. Então eu digo ao ouvinte que a pergunta dele foi respondida.

Logo, aí está, a escolha é sua. Faça anúncios dos quais as pessoas gostem, mas não sabem exatamente por que deveriam comprar um produto, ou uma propaganda que as pessoas não considerem divertida, mas saibam exatamente por que deveriam comprar seu produto em vez do produto de um concorrente.

Se os 2,7 milhões de dólares fossem meus, eu escolheria o último.

Adorar uma Marca?

Em uma *BusinessWeek* recente, havia uma matéria de como a Procter & Gamble está tentando "estabelecer o apelo emocional" por seu detergente Tide. Essa tentativa de estabelecer uma ligação emocional com seus clientes tende a aparecer cada vez mais em apresentações de agências. Robert Kevin, CEO de agência, chegou a escrever um livro sobre o assunto, intitulado *Lovemarks: The Future Beyond Brands*.

Não quero jogar água fria em toda essa emoção e amor, mas tenho algumas questões sobre todo esse tipo de atividade.

Em primeiro lugar, quem tem uma reação emocional em relação a um detergente, creme dental ou, nesse sentido, pela maioria dos produtos que estão no mercado? Se você olhar para o sucesso do Wal-Mart, pode dizer, seguramente, que a única coisa que desperta a emoção das pessoas é o preço.

Em segundo lugar, a emoção pode ser uma ideia diferenciadora? O que impedirá um concorrente de tentar ser tão emocional quanto você? Considere as guerras de cartões de crédito. A Visa construiu sua marca em torno do conceito de "Em todo lugar onde você quiser estar". Eles se apoderaram do "Em todo lugar" ou do atributo de aceitação. Esse é o atributo número 1 em cartões de crédito.

A MasterCard rodou até que se assentou na estratégia emocional de "Para tudo o mais, existe o MasterCard". Nada mal, mas não é tão genial. Em minha estimativa, eles deveriam ter se tornado *Main Street Credit Card* (O Cartão de Crédito da Rua Principal). Dê à Visa o globo; e você terá o centro das operações. Pelo menos "tudo o mais" aponta nessa direção.

A melhor coisa que esse programa fez foi encorajar a Visa a abandonar sua estratégia brilhante e tornar-se emocional. A nova estratégia deles é *Life takes Visa* (A vida requer Visa). É uma boa notícia para o MasterCard.

E o que é engraçado é que todos estão entrando na "Vida". A Coca nunca deveria ter abandonado o *Real Thing* (Essa é a Real). Mas o que eles são hoje? É isso mesmo, eles querem que você venha para o *Coke side of life* (O lado Coca-Cola da vida). (Talvez você devesse comprar sua Coca com um cartão Visa?)

Mas vamos voltar ao Tide e à sua tentativa de apelo emocional. Minha pergunta aqui é: por quê? Eles têm uma participação de 42% da categoria. Eles são o detergente número 1 da América [veja o Capítulo 13, "Liderança É um Diferenciador Poderoso", *Differenciate or Die* (Diferenciar ou Morrer), segunda edição]. Liderança é a estratégia óbvia que eles deveriam empregar.

A Procter & Gamble está praticamente "Mantendo a América em roupas limpas" sozinha. A razão para isso é que o Tide conhece melhor os tecidos. A prova disso é sua participação de mercado, 42%. (É um número que deixará qualquer gerente de produto emocionado.)

Finalmente, existe um papel para a emoção no desenvolvimento de uma estratégia? Depende da emoção da qual você está falando. O prestígio é uma emoção. Por que eu compro um carro de 60.000 dólares? Obviamente, para impressionar meus amigos e vizinhos. Mas você ainda precisa oferecer uma razão para a compra, como sua mecânica ou o que for.

O mesmo ocorre com um relógio caro que não é mais exato do que um Timex. A melhor frase que a Rolex já lançou é *It takes a year to build a Rolex* (Leva um ano para se fabricar um Rolex). Eu faria disso a estratégia de posicionamento e nunca tornaria a fabricação de relógios mais acelerada.

Com produtos caros, de prestígio, o preço alto oferece o prestígio. (De que outra forma eu poderia impressionar alguém?) Mas você ainda precisa de uma justificativa ou razão para comprar, à qual um cliente deveria recorrer para justificar o gasto de seu dinheiro.

Cosméticos são vendidos por meio da emoção daquela mágica em frascos que combate o envelhecimento ou atrai o sexo oposto. Comidas jogam com a emoção de *saúde*, com todos os seus alimentos naturais.

As roupas para surf Quiksilver são vendidas atreladas à emoção de serem descoladas como os surfistas bronzeados que perambulam no Havaí. Em todos esses casos, existe um tipo diferente de história de produto.

Mas o que dizer de papel higiênico ou fraldas descartáveis? Não me dê emoção, me dê uma razão para comprar sua marca em vez de outra marca. E se você não me der uma razão, é melhor ter um preço mais baixo, porque isso realmente me interessa.

É interessante que eu perguntei a uma psicóloga no campo de comunicações sobre tudo isso. Ela fez uma observação diferente:

> Emoção sem substância é como uma grande paixão que desaponta à luz do dia. Sem uma diferença real, perde-se uma relação permanente com o consumidor.

A pressão para toda essa coisa da emoção tornou-se a grande desculpa para as agências de propaganda que estão tendo dificuldade em inventar uma razão para comprar. Veja o que Martin Sorrell, da WPP, disse a respeito:

As diferenças entre produtos e serviços estão se tornando menores. Portanto, a diferenciação psicológica e de estilo de vida são mais importantes.

Minha resposta a essa afirmação é uma citação de Pogo:

Encontramos o inimigo, e somos nós.

A Armadilha Emocional

Vale a pena passar mais tempo falando sobre emoção. Vou lhe dar dois exemplos.

A Continental Airlines tinha uma razão simples para se voar com eles em vez de seus concorrentes. O slogan deles: *More airline for the Money* (Mais linha aérea por menos dinheiro). Eles tiveram muito apoio para essa ideia, e ainda têm. Então uma agência que não concordava com aquela frase mudou-a para *Work hard. Fly right* (Trabalhar duro. Voar bem). Que diabos isso significa? Suponho que o argumento deles tenha sido algo sobre como esse seria um argumento emocional mais forte. Bobagem.

A Lowe's, uma loja de muito sucesso, concorrente da Home Depot, tinha um argumento racional brilhante para fazer compras nas lojas deles. O slogan deles: *Improving home improvement* (Aprimorando o aprimoramento do seu lar). Então, o que eles fizeram? Substituíram esse conceito por um slogan mais emocional: *Let's build something together* (Vamos construir algo juntos). Mais bobagem.

Esse tipo de propaganda está sendo produzido por todo o setor à medida que os clientes estão aderindo ao conceito de que as pessoas precisam adorar as marcas, e não apenas comprá-las. Não estou dizendo que você não deveria ter uma maneira engenhosa ou tocante de envolver um cliente potencial em sua mensagem. A atual propaganda do Wal-Mart é um bom exemplo desse tipo de trabalho: um comercial testado e verdadeiro, "tirado da vida", para dramatizar o fato de que o dinheiro que você economiza lhe permite se divertir mais na vida. Bem feito. Mas poupar dinheiro ainda é a razão para comprar no Wal-Mart — com ou sem diversão.

Tudo o que a propaganda e marketing precisa fazer é fornecer essa razão óbvia para comprar seu produto em vez do produto de seu concorrente.

É interessante que, finalmente, algumas pessoas estão começando a ponderar a abordagem mais racional à venda. Mark Penn, em seu livro chamado *Microtrends*, afirma que "o lado racional das pessoas é muito mais poderoso em muitas áreas da vida que o lado puramente emocional." Ele deveria saber, visto que é considerado o mais importante e perceptivo pesquisador de opinião pública da política americana. Ele também é o CEO da Burson-Marsteller, uma agência muito grande de relações públicas.

Mas o que começa realmente a enfraquecer essa tolice emocional é uma parte importante da pesquisa conduzida pela TiVo Inc., empresa fabricante de gravadores de vídeo digitais. Eles examinaram os hábitos de ver comerciais de cerca de 20.000 famílias que tinham equipamento TiVo, inclusive quais e que campanhas são "puladas" pela porcentagem mais baixa de espectadores. Tudo isso foi escrito por Burt Helm em um artigo na *BusinessWeek* intitulado "Which Ads Don't Get Skipped?" (Qual anúncio não se pula?). Os resultados, até então, pesam fortemente a favor de argumentos racionais. A relevância supera de longe a criatividade nos comerciais de TV. As propagandas na lista das "menos puladas" não são engraçadas, tocantes ou são inteligentes.

Você acredita nisso? Em junho, a campanha menos "pulada" foi para o Bowflex, para fazer exercícios físicos em casa. As pessoas olhavam para aquela gente bonita naquelas máquinas e diziam: "Quem sabe eu posso ter um corpo como esse". Aquele abdômen escultural é muito forte para justificar uma máquina como aquela. Outros vencedores foram a fabricante de móveis CORT, turismo na República Dominicana e Hooters Restaurant. Você pode imaginar, muitos discam para números 800 no final do comercial?

O artigo dizia tudo no final, quando Burt Helm escreveu: "Se os donos de TiVO forem um guia, parece que atingir o público certo e colocar o produto certo lá põe seu time na frente, não importa o quão banal ou incômodo seja seu comercial. Logo, se você tem apenas 30 segundos, por que não pular essa leve sedução e simplesmente vender, vender, vender?".

Uso Desgastado de *Slogans*

Uma ideia óbvia raramente é um *slogan*. Se você passar um tempo olhando propagandas, ficará chocado com o fato de que o mundo do marketing está envolvido no que só pode ser chamado de uso desgastado de *slogans*, que está muito distante das ideias óbvias de vendas.

Se você duvida disso, responda ao questionário sobre *slogans*. Aqui estão alguns dos *slogans* que renderam vários milhões para algumas agências norte-americanas muito grandes. Veja quanto você consegue indicar a empresa patrocinadora. (As respostas estão no final desta seção.)

Pergunta Número 1
- Your future made easier (Seu futuro mais fácil).
- Your world delivered (Seu mundo entregue).
- Yes you can (Sim, você pode).
- Way of light (Um caminho de luz).
- Uncommon wisdom (Sabedoria rara).
- Always worth it (Sempre vale a pena).
- Shift (Mude).
- Today's the Day (Hoje é o dia).
- Live richly (Viva plenamente).

Eu sei o que você está pensando. Não é justo tirar um *slogan* do contexto. Eles são apenas algumas ideias para um comercial ou uma propaganda impressa. Mas esse é o problema. Se você pensa assim, provavelmente acabará com ideias bonitas, mas sem sentido. E nenhum nessa lista chega perto disso. Você está atrás do que eu chamo de *slogans* do Corredor da Fama. Aqui estão alguns *slogans* dos quais eu acho que você terá pouca dificuldade para dizer quem são os anunciantes:

Pergunta Número 2
- Diamonds are forever (Diamantes são para sempre).
- The real thing (Essa é a real).

- The ultimate driving machine (A última palavra em máquina para dirigir).
- Everywhere you want to be (Em todo lugar onde você quiser estar).
- Better ingredients. Better Pizza. (Melhores ingredientes. Melhor pizza).
- Each Fresh (Coma tudo fresco).

Alguns deles existem há anos. Um deles é lembrado, embora não seja usado há décadas. Todos apontam para a essência do produto, e não para o comercial. Nenhum deles pode ser expresso facilmente por um concorrente. (Esta é a prova de fogo para um *slogan.*) Por exemplo, a Nokia tem usado o slogan sem sentido *Connecting People* (Conectando Pessoas). Bem, o que mais um telefone celular conecta? Essa mesma ideia poderia ser expressa facilmente pela Motorola ou pela Ericsson. O que diferencia realmente a Nokia é sua posição de liderança. O *slogan* que eles deveriam estar usando é "O celular nº1 do mundo".

O mesmo conceito de liderança faria muito mais sentido para o McDonald's do que *I'm lovin' it* (Amo muito tudo isso). Quando você considera o tamanho e alcance global deles, poderia posicioná-los facilmente como "O lugar preferido do mundo para se comer". O pessoal da agência rotularia rapidamente a liderança como maçante e desinteressante. E como eu posso colocar isso de uma forma mais agradável?

O que esse pessoal ignora é a força psicológica da liderança. As pessoas tendem a comprar o que os outros compram. É o que os psicólogos chamam de "efeito manada". (As pessoas julgam suas ações corretas na medida em que veem os outros as desempenhando.) Mas em vez de usar essa psicologia, preferem ser belas e criativas. Na próxima parada, um *slogan* sem sentido. O que muita gente de agência e profissionais de marketing não entendem é que há muitas formas de diferenciar um produto, além do produto em si. Além da liderança, existe a tradição, atributos, como ele é feito e as estratégias da próxima geração a perseguir. Eu escrevi um livro sobre tudo isso intitulado *Differentiate or Die* (Diferenciar ou Morrer).

O problema é que esses *slogans* não ajudam nem produzem uma razão para se comprar certo produto e não outro. E eles certamente não têm ideias óbvias. Isso significa que a propaganda não funciona bem. Isso, por sua vez, leva os profissionais de marketing a perderem a fé na propaganda. O resultado: *slogans* sem sentido são como um vírus que está minando o mundo do marketing. A não ser que deixem de ser usados, estamos vendo uma categoria atrás de outra se tornar produto comum.

E este, caros leitores, é um grande problema se você não tiver um preço bem baixo.

Respostas à pergunta número 1

Your future made easier. **ING**
Your world delivered. **AT&T**
Yes you can. **Sprint**
Way of light. **Suzuki**
Uncommon wisdom. **Wachovia**
Always worth it. **Bud Light**
Shift. **Nissan**
Today's the day. **Monster.com**
Live richly. **Citibank**

Respostas à pergunta número 2

Diamonds are forever. **DeBeers**
The real thing. **Coca-Cola**
The ultimate driving machine. **BMW**
Everywhere you want to be. **Visa**
Better ingredients. Better Pizza. **Papa John's**
Eat Fresh. **Subway**

A Armadilha da Criatividade

Atualmente, o setor de publicidade está desorganizado. As pessoas estão questionando a viabilidade da propaganda tradicional. Muitas formas novas de ferramentas de marketing estão sendo inventadas diariamente, e a maioria delas gira em torno do mundo digital em que vivemos.

A maior ameaça é a TiVO e a capacidade de gravar programas digitalmente e pular os comerciais. Tudo isso levou o setor de publicidade a declarar que é necessário ter mais criatividade para fazer as pessoas continuarem a ver propagandas. Assim, emoção, humor ou o que for necessário para imobilizar os espectadores são a ordem do dia em publicidade. Como já comentamos, mesmo uma ideia forte como a frase da Visa "Em todo lugar onde você quiser estar" é mudada para uma frase *Life takes Visa* (A vida precisa de Visa). É bem ruim, mas sua concorrente, a American Express, está veiculando um comercial que diz: *My life. My card* (Minha vida. Meu cartão).

O que está acontecendo aqui?

Para mim, é a loucura da criatividade. O que os publicitários não percebem é que vender não é ser criativo, bonito ou imaginativo. Tem a ver com a lógica, que é uma ciência que lida com as regras e testes do pensamento sólido.

Uma consulta a um dicionário definirá um argumento lógico como aquele que é persuasivo, contundente, convincente, válido, claro. Ele mostra a habilidade de pensar ou raciocinar. E também é óbvio.

Agora, isso não se parece a um argumento que você gostaria de ter para dar sustentação ao que está tentando vender? É melhor acreditar nisso. E, no entanto, quantos argumentos lógicos você encontra no mundo do marketing? Muito poucos. Essa falta de lógica está na maioria dos programas que fracassam. Entretanto, se você puder ver a lógica no argumento, é provável que tenha um vencedor.

Se a Avis é apenas a segunda locadora de carros, então parece que eles precisam se esforçar mais. Não é criativo, é lógico. É óbvio.

Se o tamanho da IBM cobre todos os aspectos da computação, então é óbvio que eles podem integrar todas as peças melhor que qualquer outra fabricante. A computação integrada é o que os diferencia.

Considere a empresa sueca SKF. Durante mais de 100 anos, eles foram líderes mundiais em rolamentos de todos os tipos. Um de seus jovens executivos apareceu em meu escritório me perguntando como eles poderiam aprimorar a maneira como são percebidos em termos de poupar energia. Eu lhe disse que era óbvio. Eles só tinham que contar a história deles de como "fazem as coisas funcionarem melhor". E máquinas eficientes usam menos energia do que as ineficientes.

Mas ele respondeu: estamos no meio de um grande programa publicitário sobre "engenharia do conhecimento". Minha resposta foi que a iniciativa óbvia dele seria conectar "engenharia do conhecimento" ao conceito de "fazer as coisas funcionarem melhor". Em outras palavras, essa era a tecnologia subjacente deles. É como eles concebem e continuam a aprimorar sua família de rolamentos. E rolamentos melhores são, com frequência, a essência do melhor desempenho e economia de energia.

Isso não é tudo o que eles fazem nesse processo de aprimorar o desempenho, mas está no cerne da história de 100 anos da SKF. Sem rolamentos, o mundo funcionaria muito mal. Com rolamentos novos e aperfeiçoados, o mundo funcionará cada vez melhor e poupará cada vez mais energia. Os clientes procuram a SKF para fazer as coisas funcionarem melhor, e não para adquirirem engenharia do conhecimento. Isso é terrivelmente óbvio.

Logo, caro leitor, como você pensa que ele se saiu em seu esforço para mudar um slogan desgastado? Acertou. Não se deu muito bem porque o CEO não estava envolvido e a pessoa encarregada da publicidade queria alimentar o seu ego.

Uma vez que lógica é uma ciência, é lógico que construir uma proposição óbvia de vendas ou um diferencial deveria ser uma ciência, e não uma arte. E no entanto, a ala da criação combate essa ideia com unhas e dentes. Eles odeiam pensar que estão sendo encurralados em um processo que limita sua inspiração criativa. Tendem a não gostar de ideias óbvias.

Mas o pior é ver uma empresa passar por um processo de estratégias e chegar a um argumento lógico e direto para sua marca, e depois entregá-lo para os profissionais da criação e ver o argumento desaparecer em meio a cantorias, danças ou o que for.

Certa vez, enquanto eu trabalhava estratégias com um banco, descobrimos que eles eram os líderes na administração de empréstimos para pequenas empresas em sua área comercial. Acontece que a maioria desses empréstimos era dada a imigrantes recém-chegados que estavam começando um negócio nos Estados Unidos — pessoas que buscavam realizar o sonho do sucesso americano.

A estratégia recomendada era lógica e direta. O que diferenciava esse banco era que ele era "o lar do sonho americano".

Todos gostaram da ideia e ela foi encaminhada para uma agência, para ser implementada. Quando a vimos de novo, tinha se tornado: "Bancamos os seus sonhos".

É demais para a ideia óbvia deles de diferenciação.

Não sou ingênuo quanto aos motivos para as agências gostarem de ressaltar a criatividade. Eles veem todos esses concursos sobre criatividade como seu ingresso para novos negócios. O problema é que essas atividades só geram mais propaganda ousada e maluca que não apresenta uma razão clara para se comprar. Ninguém concede prêmio para a lógica clara, Tudo isso precisa parar se as agências quiserem retomar seu crescimento.

O que deve ser feito? Bem, sugiro que as agências de publicidade acabem com seus departamentos de criação e os substituam por departamentos de dramatização. Em outras palavras, substituam a criatividade pela dramaticidade.

O fato é que a criatividade sempre foi um nome equivocado. Uma agência não está criando algo. A empresa, produto ou serviço já existe. O que eles estão fazendo é imaginar qual é a melhor forma de vender. Isso significa, em termos simples, adotar esse argumento lógico, diferencial, e dramatizá-lo.

Como você torna esse argumento interessante e envolvente? Tempos atrás, o creme dental Crest declarou em um comercial de TV: "Triunfo sobre as cáries". A Volvo colocou um carro perto de um tanque em um anúncio impresso com a chamada: "A execução é diferente, mas o conceito é basicamente o mesmo". Como isso funciona para dramatizar uma estratégia de segurança?

As novas propagandas retrô do Alka Seltzer são dramatizações maravilhosas sobre a solução do problema do excesso de comida. Hoje, você vê alguns animais introduzindo drama não convencional à medida que transmitem uma boa mensagem. A lagartixa Gekko da Geico e o pato da Aflac, ambas seguradoras, são bons exemplos, embora você tenha de tomar cuidado com coisas assim porque visualmente isso pode ser uma distração. E quando isso acontece, as pessoas param de ouvir e não se transmite nenhuma mensagem de venda.

Embora você prefira introduzir a dramaticidade em sua propaganda, uma coisa é clara: sua razão para comprar deve ser perfeitamente lógica e óbvia, e não submergir no que as pessoas chamam de criatividade.

Às vezes, me pergunto se a propaganda perdeu contato com o significado da propaganda. Se você olhar em um dicionário, a definição é: "Para chamar atenção do público, principalmente para vender". Logo, aí está, o papel da propaganda não é entreter, é vender. E não caia na armadilha do argumento de que as pessoas não prestarão atenção a não ser que você as entretenha. Se você tiver uma notícia interessante ou uma boa razão para comprar, poderá fazer as pessoas pararem para ouvir o que tem a dizer.

Quer um exemplo de como fazer isso? Comece seu próximo comercial com uma pessoa olhando para a câmera e dizendo: "Antes de mudar de canal, espere um pouco. Tenho notícias importantes para você".

Você congelará todos em seus assentos e terá a atenção total deles. Então você terá a chance de vender a eles, e não apenas divertir.

A imprensa está repleta de matérias sobre grandes empresas que tiram dólares da mídia tradicional de propaganda e os empregam em colocação de produto e outros métodos mais novos de marketing. Um especialista atrás do outro está prevendo que o setor de publicidade, da forma como o conhecemos, perdeu o rumo e está em declínio. Matérias sobre o TiVO, *buzz* e a internet estão em voga. Antes de todos pegarem seus currículos e saírem, acho que é hora de adotar uma visão mais racional das coisas ou de algo que nos afaste de todos os comentários negativos e pessimistas. Vamos começar com o que deveria ser o papel óbvio da agência de propaganda.

Tradicionalmente, o papel da agência é ser o *outsider* objetivo. O papel deles é aconselhar o cliente sobre como vender melhor seus produtos ou serviços ao mercado — como posicionar a marca em relação à concorrência. E como verbalizar a mensagem deles com essa "razão para comprar". A franqueza e a honestidade sempre foram a marca registrada de um bom relacionamento entre agência e cliente porque as agências desempenhavam um papel importante no desenvolvimento de estratégias para seus clientes.

Uma história verídica vem a calhar aqui. Muitos anos atrás, um supervisor de contas sênior estava relembrando os velhos tempos no negócio. Ele me contou de uma reunião em um hotel onde o CEO do cliente e o diretor da agência estavam deitados, discutindo estratégias. Ele disse: "Jack, o problema do setor é que não nos deitamos mais na cama com os CEOs".

Ele tinha razão. Com o passar dos anos, tenho visto cada vez menos esse tipo de relacionamento. As agências abandonaram estratégias agressivas à medida que os clientes se tornaram mais assertivos nesse sentido. Em vez disso, as agências se voltaram para a criatividade, a emoção ou o humor como contribuições suas para a marca. Resultado: hoje muitas propagandas não apresentam razões para comprar. Muitos olhariam para o anúncio e diriam: "O que eles estão tentando vender?". Não é de admirar que os clientes estejam começando a questionar a utilidade da propaganda tradicional.

Como Colocar o Setor de Publicidade no Eixo

Etapa 1: Voltar à Estratégia

Esqueça a emoção, o vínculo, o interesse emprestado ou o *show business*. As agências precisam reconstruir suas reputações em torno de sua capacidade de ajudar a direção da empresa a imaginar a estratégia competitiva certa para uma marca. Em termos simples, elas têm de ser capazes de ajudar a estabelecer o diferencial para uma marca. Quarenta anos atrás, essa era chamada *proposição singular de vendas*. Em anos mais recentes, foi chamada de posição. Em todos os casos, é por isso que um cliente deveria preferir seu produto diante de tantas opções.

Essa diferença é sua arma contra todo esse falatório sobre quem precisa de propaganda quando você tem "*buzz*" e "colocação de produto". Infelizmente, a maioria dessas novas ferramentas de marketing que estão obtendo toda a atenção não lhe permite transmitir essa mensagem. Elas são boas apenas para se ter um nome lá, sem nenhuma história ligada a ele.

Considere outra vez o famoso prêmio de 200 Pontiac G6 da Oprah. (Ganhou um Leão em Cannes.) O resultado foi uma grande divulgação na imprensa, mas vendas baixas, 30% abaixo das expectativas. Estava faltando mostrar por que eu deveria comprar um se não ganhasse. A estratégia lhe dá uma orientação para todas essas atividades inovadoras. A ideia diferenciadora pode ser introduzida cuidadosamente nesses veículos não publicitários. Em outras palavras, suas estratégias desenvolvidas cuidadosamente são o ponto fundamental para seus planos multimídia. Elas podem estender sua mensagem de vendas para além da propaganda.

Etapa 2: Dramatize a Estratégia

O pessoal da criação tende a resistir a uma abordagem estratégica à propaganda. Acham que isso restringe a criatividade deles. Às vezes, veem a propaganda como uma forma de arte. Para mim, o papel de um bom profissional da criação é tomar a estratégia e dramatizá-la de modo que envolva melhor os clientes potenciais. De certa forma, se estará dramatizando a razão para comprar. Pode ser uma demonstração de produto ou uma solução dramática a um problema percebido. Seja o que for, ele capta a atenção das pessoas enquanto você transmite sua mensagem de vendas.

Considere a BMW como um cliente modelo. Durante 20 anos e muitas agências atrás, eles lançaram um ataque à Mercedes com o conceito dramático de: "O máximo em conforto *versus* o máximo em máquina para dirigir". Hoje eles ainda estão dirigindo com o mesmo conceito e são uma das empresas mais bem-sucedidas do mundo. Estratégias excelentes nunca morrem. Nem desaparecem.

Etapa 3: Acabe com os Prêmios

Acabe com todos esses concursos de criatividade à La Cannes e Clios. Nada é mais prejudicial, no longo prazo, para o setor do que fazer os profissionais da criação pensarem que eles estão fazendo filmes, em vez de comerciais. Considere a "Maldição do Clio". Sabe-se que um grande número de vencedores do Clio perdeu suas contas não muito tempo depois de levarem suas estatuetas para casa. Tudo isso abala as percepções de que o setor deveria ter um trabalho estratégico. Seria como se os advogados recebessem prêmios por sua criatividade nos julgamentos. Supõe-se que as agências sejam profissionais que ajudam os clientes a resolver problemas e vender produtos. O prêmio deles deveria ser a manutenção da conta.

Além disso, os clientes deparam-se com o fato de que os prêmios existem para ajudar as agências a obter mais contas, e não para ajudar os clientes a ganhar mais negócios. Essa percepção não ajuda muito um setor que está sendo atacado.

CAPÍTULO
5

Profissionais de Marketing Podem Ser um Problema Óbvio

Os profissionais de marketing muitas vezes não percebem qual deveria seu o seu foco. A maioria fica irremediavelmente presa a egos corporativos e a projetos complicados. Não é de admirar que um diretor de marketing fique menos de dois anos no cargo.

O Fator Mexer

O *Wall Street Journal* publicou que Peter Brabeck, o CEO que saiu da Nestlé, colocou a empresa em dieta.

Ele descobriu que a fabricante de alimentos estava atolada em 130.000 variações de suas marcas e 30 % não estavam gerando lucro. Lançou um plano agressivo para eliminar as marcas mais fracas e simplificar a organização. É o adeus para o Kit-Kats com baixa caloria e o chocolate com sabor de *cheese-cake*. (Pode imaginar?)

A Nestlé enfrenta uma situação difícil que assombra muitas empresas que adquiriram outras, a ponto de se tornar quase impossível gerenciar todas elas. Quando você está no ramo de alimentos para cães, chocolate, alimentos para bebês, sorvete, café e assim por diante, pode ver o problema facilmente.

Mas pior ainda é que essas mega companhias acabam com centenas de profissionais de marketing inventando novas ideias que não são muito boas. Ou eles se reúnem e tentam imaginar como melhorar as coisas. Eles simplesmente não conseguem parar de lidar com a questão. É um problema óbvio. O que a alta gerência não entende é que o caminho para o caos está cheio de aprimoramentos.

Em todos os meus anos no ramo, nunca vi um profissional de marketing receber uma nova atribuição, olhar em volta e dizer: "As coisas parecem estar muito bem. Não vamos mexer em nada".

Ao contrário, todos os profissionais de marketing corajosos querem entrar e fazer aprimoramentos. Eles querem fazer a sua marca. Ficar sentado simplesmente não lhes parece adequado.

Quando uma empresa tem salas cheias de profissionais de marketing, pode esperar que mexerão na marca sem parar. É assim que eles evitam a monotonia.

Alguém da marca Prell Shampoo diz: "Ei, por que não acrescentamos um Prell azul à nossa linha de Prell verde?". Claro, isso ignora a percepção do consumidor de que se não for verde, não pode ser Prell.

Má ideia.

No McDonald's, alguém diz: "Ei, vamos aproveitar a tendência da pizza e acrescentar McPizza ao menu!". Claro, isso ignora a percepção do consumidor de que aqueles que preparam hambúrguer não podem entender muito de como fazer pizza.

Má ideia.

Alguém na Anheuser-Busch diz: "Ei, por que não acrescentamos cervejas *ice* e *dry*[1] à nossa linha?". Claro, isso ignora a percepção do consumidor de que a cerveja em geral é suave e não é servida com gelo.

Má ideia.

Alguém na Volkswagen diz: "Vamos introduzir um automóvel de R$60.000 chamado Phaeton". É claro, isso ignora o fato de que, na América, um Volkswagen não tem prestígio como marca.

---

[1] Nota da Revisão: *Dry* e *Ice Beer* são tipos de cerveja. A cerveja *Ice* é fabricada por meio do *ice process*. Depois da fermentação, é exposta a um resfriamento a temperaturas abaixo de zero, quando a água se transforma em finos cristais de gelo. Esses cristais são retirados e o que permanece é uma cerveja mais forte e refrescante. Na cerveja *Dry*, quase todo o açúcar é transformado em álcool devido ao longo processo de fermentação.

Má ideia.

Na BIC, os profissionais de marketing, pelo fato de Mr. Bic ainda existir, estão colocando a marca em tudo o que podem imaginar, como canetas, isqueiros, lâminas de barbear, meias de náilon, perfume e até barcos a vela.

Má ideia.

Alguém na Heinz, a rainha do *ketchup*, decidiu que eles também deveriam fabricar mostarda. E para poupar dinheiro, vamos usar frascos com o mesmo formato. As pessoas acharam que fosse *ketchup* amarelo.

Má ideia.

Alguém na Daimler Benz imaginou que carros de luxo não bastavam. Comprar a Chrysler lhes daria uma gama maior de veículos para vender em toda parte.

Ideia muito ruim.

E, é claro, não se pode deixar de fora a infindável e prejudicialmente cara mudança de logotipos. A Xerox, com um dos melhores designs de logotipo de todos os tempos, decidiu mudá-lo e dividir a grande letra X em partes para expressar sua passagem para o modo digital. Infelizmente, isso ocorreu ao mesmo tempo em que a empresa enfrentava sérios problemas financeiros. Tudo o que o novo logotipo disse para as pessoas foi que a Xerox estava se desintegrando.

Felizmente, um novo CEO e cabeças mais inteligentes prevaleceram e voltaram ao logotipo original. Mas agora o retomaram. Eles o alteraram para letra minúscula e acrescentaram um logotipo esférico à la AT&T. Não conseguem parar de mexer.

O óbvio precisa se alinhar às percepções na mente do cliente, e não ir contra elas. O que as pessoas dentro da empresa percebem como aprimoramento causa, com frequência, confusão na mente do cliente potencial.

Depois de colocar uma marca "lá em cima", seu mote deveria ser "mantê-la como ela vai". Uma marca só pode representar uma única coisa na mente e quanto mais coisas você tentar fazê-la representar, mais a mente perde o foco sobre o que ela é. Variações infindáveis dão aos profissionais de marketing algo a fazer enquanto, no longo prazo, eles prejudicam uma marca ou empresa.

Quando se trata de promover o turismo, nada se aproxima mais do remexer ou da mudança infindável de um programa bem-sucedido.

Por quê? Por causa da política. Novas administrações sobem ao poder e querem, rapidamente, implantar seus programas. Foi o caso da Nova Zelândia. Seu *slogan* mais recente promove a Nova Zelândia como "o país mais jovem da Terra". Agora veja, essa é uma ideia tola se você pensar que as pessoas querem ver o mais antigo, e não o mais novo.

Alguns anos atrás, me perguntaram como a Nova Zelândia poderia ser posicionada. Ressaltei que isso era incrivelmente óbvio. O que eles tinham de sobra era a beleza incrível do espaço físico. A resposta era tanto as ilhas do Norte quanto as do Sul. O conceito: Nova Zelândia. As duas ilhas mais belas do mundo.

Eles fizeram isso por um tempo, mas rapidamente pensaram em uma maneira de introduzir um *slogan* sem sentido quando a política mudou. Para a sorte deles, a beleza do país supera até o *slogan* mais bobo.

Produtos que Fazem Demais

Durante muitos anos, tenho escrito sobre sacrifício. Em outras palavras, para obter algo, você precisa abrir mão de alguma coisa. Tentar ser tudo para todos claramente abala uma percepção clara do que o torna especial ou diferente. Como foi mencionado antes, para que a Volvo se destaque pela segurança, eles não podem ser um carro conversível ou sofisticado que tente competir com uma BMW ou Mercedes. E precisam introduzir novas ideias de segurança.

A convergência é o oposto do sacrifício; refere-se a produtos que fazem mais. E é difícil evitar previsões sobre produtos convergentes no mundo da computação, das comunicações, dos meios eletrônicos de consumo, entretenimento e publicações.

Essas previsões voltam. Uma matéria de capa no *Newsday* de 18 de julho de 1993 previa que a convergência causaria o eventual desaparecimento de videoteipes, lojas de vídeo, jornais, canais de TV, operadoras de telefonia, Páginas Amarelas, catálogos de compras por correio, livros-textos universitários, fichários de bibliotecas, *beepers*, vídeocassetes, talões de cheque e toca-fitas.

(Suspeitamos que você tenha notado que muitas dessas coisas previstas para desaparecer ainda existem e estão muito bem. Foi uma previsão que não ajudou em nada.)

Previsões mais recentes apontam para a convergência de telefones, vídeos e internet para nossos aparelhos de televisão. Até mesmo os cartunistas estão entrando em ação. Nosso preferido mostra um senhor com uma tela ampla Sony sobre os ombros dizendo olá dentro dela.

Se você estudar história, verá que a convergência raramente acontece. Produtos que fazem mais do que deveriam desaparecem rapidamente.

Em 1937, tivemos o *convertoplane*, uma combinação de helicóptero e avião que nunca decolou. Nem o *Hall Flying Car*, de 1945, ou o *Taylor Aerocar*, de 1947, autos que podiam voar.

Em 1961, o *Amphicar* (carro-anfíbio) foi a primeira combinação de barco e automóvel. A ideia afundou. (As pessoas imaginaram que poderiam estacionar seu barco na marina, entrar no carro e ir para casa.)

Em tempos recentes, tivemos o comunicador pessoal EO, da At&T, que tinha celular, fax, *e-mail*, organizador pessoal e *palmtop*. Então apareceu o Doc-it, da Okidata, uma impressora de mesa, fax, digitalizadora e copiadora. Finalmente, lançaram um PDA, ou Newton da Apple, que era um bloco de mensagem, fax, *beeper*, calendário e *palmtop*. Nenhum desses aparelhos existe mais. Nesse caso, *mais* significa a morte.

Em um artigo no *New York Times*, "The Case of the Subpar Smartphone", Joe Nocera destacou brilhantemente as lutas travadas no mundo dos telefones inteligentes. O Palm teve um grande sucesso no mundo de agendas organizadoras. Então lançaram o Treo, que não era confiável e nem atraente, uma agenda organizadora que faz chamadas telefônicas. Como Ryan Block, editor do *web site* de aparelhos eletrônicos Engadget.com comentou: "O Palm se perdeu". Mas não foram os únicos.

BlackBerrys são incríveis em e-mails, mas o telefone não funciona bem. O Motorola Q não funciona com a mesma frequência que o Treo. O iPhone da Apple é incrível para música e mídia, mas não funciona bem para e-mail e telefonemas. Por razões de marketing, todos estão tentando forçar essas especificações complicadas em caixas cada vez mais leves e menores, enquanto também acrescentam baterias com vida mais longa e assim por diante. Invariavelmente, os designers de telefones inteligentes precisam fazer concessões que significam que algumas funções não trabalharão muito bem.

Há também a questão da herança. Todas as grandes empresas de telefonia inteligente estão desenvolvendo um aparelho a partir de pontos diferentes. A Motorola tem suas raízes em celulares; não é de surpreender que isto seja o que funciona melhor nos Motorola Q. A Apple tem herança em computação e no iPod, por isso lida bem com a música e a mídia. A BlackBerry começou como uma empresa de e-mail móvel, e é por isso que seu e-mail é tão melhor que os outros.

Criar produtos que tenham mais de uma função exige um sacrifício diferente. Conceber produtos multifuncionais força seus designers a abrirem mão do que poderia ser um design excelente de uma única função para criar um design mais simples que acomode as funções extras.

Um carro excelente pode ser um barco excelente ao mesmo tempo? É claro que não. Se você quer um carro realmente rápido, compre uma Ferrari. Um barco rápido? Compre um Cigarette.

Um excelente pneu de corrida Fórmula 1 pode ser um excelente pneu de carro de passeio ao mesmo tempo? Claro que não. (Pneus de corrida não têm banda de rodagem.)

As pessoas querem o melhor da raça, e não uma mutação que misture várias raças.

As pessoas não querem abrir mão de características importantes para fazer outras coisas com um produto. O fato de você poder fabricar um produto não lhe assegura que as pessoas o comprarão.

Se a sua diferença é que seu produto pode fazer muitas coisas sem muita excelência em oposição a um produto que tenha uma função excepcionalmente boa, não terá um diferencial.

Esquizofrenia da Marca

Marcas fortes têm personalidades distintas: as baterias Duracell duram muito tempo. O Dove contém creme de limpeza. Mas mesmo as marcas dominantes podem desaparecer se desenvolverem o transtorno de personalidade múltipla. Pense na General Motors. Qual é a diferença entre um Chevrolet, um Pontiac e um Buick? A empresa parece ter acordado para o problema ao anunciar que limitaria sua linha de carros. Mas essa iniciativa tardia do fabricante, de controlar a esquizofrenia da marca, representa pouco e chegou tarde demais.

A General Motors arruinou suas marcas durante décadas de infindáveis extensões de linha. Mas a Mercedes-Benz fez isso em menos de uma década. Eles já tiveram um carro de prestígio, alta qualidade, com uma mecânica impecável. Mas agora, se você entrar em uma concessionária na Europa, terá a seguinte linha: Classe A, Classe B, Classe C, Classe E, Classe S, CLK, CLS, CL, SLK, SL, Classe M e Classe G. Os preços variam de 20 a 200.000 euros. O resultado é que, na Europa, o Mercedes-Benz não está na lista das melhores marcas. O Audi A8, BMW, Maserati e Jaguar assumiram essa posição.

As histórias da GM e da Mercedes não são as únicas. Quando uma empresa abandona a personalidade distintiva ou posição de sua marca, é só uma questão de tempo até que clientes, confusos, comecem a se afastar. Em 1985, a Coca-Cola introduziu, lamentavelmente, uma nova marca que abalou sua identidade, a New Coke. A crítica do consumidor foi maciça e a empresa voltou rapidamente para sua conhecida Coca-Cola clássica. Você poderia pensar que a Coca-Cola aprendeu com essa experiência, sobre a importância de ter uma personalidade singular de produto. Mas hoje a empresa vende 16 versões de Coca, incluindo variações estranhas como Coca-Cola Zero, Diet Coke Plus e Coca-Cola C2. O que é uma Coca? Não é de admirar que a empresa tenha perdido sua efervescência.

Há formas de executar extensões de linha sem confundir e perder seus clientes. O que essas estratégias compartilham é a atenção rigorosa à *posição* da marca — a noção que os consumidores têm da identidade distinta, abrangente da marca. A BMW, por exemplo, tem sido a "última palavra em direção" há décadas, uma identidade que transcende as várias linhas de produto da empresa. Administrada cuidadosamente, uma boa posição mantém-se para sempre. A *ultimate driving machine* (a última palavra em máquina para dirigir) agora tem 36 anos, *Marlboro Country* (O Mundo de Marlboro) tem 54 anos e *a diamond is forever* (Um diamante é para sempre) tem 60 anos.

O que você precisa combater é a tendência que os profissionais de marketing têm de mexer em uma marca. Afinal, de que outra forma eles podem fazer sua própria marca? Como eu disse antes, um profissional de marketing raramente recebe uma nova atribuição e diz: "As coisas parecem estar indo bem, não vamos mexer". O que acontece em seguida você sabe, você logo verá um caso ruim de esquizofrenia da marca.

Mas o pior é um executivo de marketing afirmar que a esquizofrenia da marca é uma coisa boa. Foi esse o caso de Larry Light, ex-diretor de marketing do McDonald's, quando disse em uma palestra que "Brand Chronicles", ou várias mensagens (isto é, personalidades), era a maneira de continuar, em oposição ao posicionamento da marca.

A BMW deveria abandonar sua estratégia de posicionamento de longo prazo de ser "The ultimate driving machine"? Eles deveriam seguir o caminho da Chevrolet, cujo impulso de ser tudo para todos resultou em se tornar nada na mente do consumidor? (O que é um Chevrolet?)

O posicionamento é a maneira de se diferenciar. Focar nessa posição é a maneira de sobreviver em um mundo de competição brutal. Desde que a Coca-Cola abandonou seu tradicional posicionamento estratégico de "The real thing", as coisas não andaram bem. Felizmente, a Pepsi abandonou sua estratégia de posicionamento jovem de *Choice of the New Generation* (A Escolha da Nova Geração) e isso impediu que a situação piorasse.

Já lhe ocorreu que o McDonald's estava procurando *slogans*, e não uma estratégia de posicionamento? Há um, na base do luminoso, que anuncia quantos hambúrgueres eles serviram. O McDonald's, com seu alcance internacional e bilhões de hambúrgueres servidos, está olhando para o que eu chamaria de estratégia de posicionamento de liderança muito forte. E é uma estratégia que abrangeria o que eles descrevem como marca multidimensional.

A estratégia óbvia de posicionamento: "**O lugar preferido do mundo para se comer**".

Sinto muito, Larry, "Brand Chronicles" não é o caminho para o futuro. É apenas uma forma de transformar uma marca que representa algo em uma marca que não representa nada.

CAPÍTULO
6

Um Exame Óbvio do Processo de Marketing

Para que os profissionais de marketing façam um trabalho melhor, eles precisam ter um entendimento claro do processo de marketing — o que é importante e como avaliar e operar as funções das quais estão encarregados.

A Importância do Marketing

Tempos atrás, Peter Drucker, considerado o pai da consultoria de empresas, fez uma observação profunda que se perdeu com o passar do tempo. Ele disse: "Como o propósito do negócio é criar um cliente, o empreendimento empresarial tem duas — e apenas duas — funções básicas: marketing e inovação. O marketing e a inovação produzem resultados; todo o restante são custos. O marketing é a função distintiva, singular do negócio".

Hoje, quando se faz uma pesquisa com a direção de uma empresa, a ordem de suas prioridades é: finanças, vendas, produção, gerenciamento, jurídico e pessoal. Falta na lista: marketing e inovação. Quando você considera o problema que muitos de nossos ícones enfrentaram em anos recentes, é fácil supor que o conselho de Drucker poderia ter ajudado a alta gerência a evitar os problemas que enfrenta hoje.

Ironicamente, David Packard, da Hewlett-Packard, comentou certa vez: "O Marketing é importante demais para ser deixado para os profissionais de marketing". Mas ao longo dos anos, em vez de aprender sobre marketing e inovação, os executivos começaram a procurar modelos de papel em vez de modelos de marketing.

Tom Peters provavelmente tenha dado um estímulo gigantesco a essa tendência com o livro *In Search of Excellence (Em Busca da Excelência,* que ganhou o título *Vencendo a Crise* na edição em português), do qual é coautor. No entanto, excelência, como definiu naquele livro, não equivale a longevidade; muitos dos modelos de papel oferecidos lá afundaram desde então. Em retrospectiva, um título melhor para o livro poderia ter sido *Em Busca de Estratégias.*

Um livro muito popular que exemplifica o método por meio de exemplos é *Built to Last,* de James Collins e Jerry Porras. Nele, eles escrevem eloquentemente sobre "objetivos audaciosos e cabeludos" que transformaram empresas como a Boeing, Wal-Mart, General Electric, IBM e outras em gigantes de sucesso.

As empresas que esses autores sugerem para serem seguidas como exemplo foram fundadas de 1812 (Citicorp) a 1945 (Wal-Mart). Essas empresas não tinham que lidar com a competição intensa na economia global de hoje. Embora haja muito a se aprender com o sucesso deles, elas tiveram o luxo de se desenvolver quando a vida empresarial era muito mais simples. Como resultado, esses modelos de papel não são muito úteis para as empresas de hoje.

Atualmente, há uma legião crescente de concorrentes se aproximando, vindos de todos os cantos do mundo. As tecnologias mudam constantemente. O ritmo de mudança é mais acelerado que nunca. Cada vez é mais difícil para os CEOs digerirem a enxurrada de informações e fazerem as escolhas certas.

Mas um CEO pode ter futuro.

O truque para sobreviver não é ficar de olho no Balanço Patrimonial, mas simplesmente saber para onde você deve ir para encontrar o sucesso em um mercado. Ninguém poderá segui-lo (o conselho de diretoria, seus gerentes, seus funcionários) se você não souber para onde está indo.

Como fazer para encontrar a direção certa? Para se tornar um grande estrategista, você precisa colocar sua mente na linha de fogo do mercado. Precisa encontrar inspiração ali, no fluxo e refluxo das grandes batalhas de marketing que estão ocorrendo na mente dos clientes potenciais. Veja a seguir um processo de quatro etapas que pode ser seguido.

Etapa 1: Faça Sentido no Contexto

Argumentos nunca são feitos do nada. Você está sempre cercado de competidores tentando justificar suas posições. Sua mensagem precisa fazer sentido no contexto da categoria. Ela precisa começar com o que o mercado ouviu e registrou de sua concorrência.

O que você quer realmente é ter um quadro geral das percepções que existem na mente de seus clientes.

O que você quer captar são as forças e fraquezas perceptivas, suas e dos concorrentes, do modo como existem na mente do grupo-alvo de clientes.

Etapa 2: Encontre a Ideia Diferencial

Ser diferente não é ser o mesmo. Ser original é ser único.

Você está procurando algo que o distinga de seus concorrentes. O segredo é entender que seu diferencial não precisa estar relacionado com o produto.

Considere um cavalo. Os cavalos são diferenciados rapidamente por seu tipo — cavalos de corrida, caçadores, marchador do Tennessee, American Saddle e assim por diante. Você pode diferenciar qualquer grupo pela raça, desempenho, estábulo, treinador e assim por diante. O mesmo acontece com seu negócio, visto que há inúmeras formas de diferenciar um negócio além de apenas focar em seu produto.

Etapa 3: Tenha Credenciais

Há várias maneiras de distinguir sua empresa ou produto. Digamos que o truque consiste em encontrar essa diferença e então usá-la para oferecer um benefício ao seu cliente.

Para construir um argumento lógico para sua diferenciação, você deve ter as credenciais para apoiar sua ideia diferencial, a fim de torná-la real e digna de crédito.

Se o seu produto se diferencia, então você deve ser capaz de demonstrar essa diferença. A demonstração, por sua vez, torna-se sua credencial. Se você fabricar uma válvula que não vaza água, então deverá ser capaz de fazer uma comparação direta com válvulas que vazam.

Declarações de diferença sem prova são apenas alegações. Por exemplo, um Pontiac *wide-track* deve ser mais espaçoso que os outros carros. A British Air, sendo a "linha aérea preferida do mundo", deve transportar mais pessoas que qualquer outra. A Mercedes deve ter uma mecânica excelente.

Você não pode diferenciar com fumaça e espelhos. Os consumidores são desconfiados. Eles pensam: "Ah, é mesmo, anunciante? Então prove!". Você deve ser capaz de dar sustentação ao seu argumento.

Não é exatamente como estar em um fórum de justiça. É mais como estar em um fórum de opinião pública.

Etapa 4: Comunique Seu Diferencial

Assim como você não pode manter fogo sob uma cesta, não pode manter seu diferencial em segredo.

Se você constrói um produto diferenciado, o mundo não irá atrás de você automaticamente. Os produtos melhores não vencem. Melhores percepções tendem a ser as vencedoras. Notícias de seu produto precisam ter ajuda nesse processo.

Todas as suas formas de comunicação deveriam refletir sua diferença — sua propaganda, seus folhetos, seu *web site*, suas apresentações de vendas.

Há muita bobagem na América corporativa sobre a motivação do funcionário. O pessoal que defende o "desempenho máximo" leva ao seu conhecimento juntamente com seus dispendiosos encontros motivacionais.

O pessoal que se reporta a você não precisa de respostas místicas à pergunta: "Como faço para desbloquear meu verdadeiro potencial?". A questão que eles precisam ter respondida é: "O que torna essa empresa diferente?".

Essa resposta dá a eles algo para se apegar e seguir, *principalmente se for óbvia*.

Marketing Simplificado

Estou começando a pensar que muitos dos erros de marketing que você vê são causados pelo simples fato de que muitos profissionais de marketing são irremediavelmente confusos. E com o passar do tempo, mais informação aumenta a confusão.

Os acadêmicos têm escrito volumes sobre a complexidade do marketing e todas as suas funções. As agências de propaganda e consultores têm construído sistemas convolutos para construir marcas. Uma das complexidades que prefiro vem de uma consultoria no Reino Unido que afirma que uma marca tem nove elementos de posicionamento na mente do cliente: necessidades funcionais, efeitos objetivos, papéis funcionais, atributos, avaliadores essenciais, impulsos psicológicos, caráter subjetivo e necessidades psicológicas. Então os consultores transformam tudo isso em uma "matriz ponte". (Socorro, estou preso em uma ponte que não vai para lugar nenhum.)

Uma agência de marketing lançou um livro que trata do "ecossistema da demanda do consumidor". Eles oferecem um processo de quatro etapas:

1. Mapear o cenário de demanda;
2. Explorar motivações de consumo;
3. Reformular o espaço de oportunidades;
4. Quantificar o ponto desejável (*sweet spot*).

O objetivo de todo esse jargão é encaixar seu produto no ecossistema em mudança da vida diária, transformando o modo de viver, trabalhar e se divertir das pessoas. (Socorro, não tenho ideia do que eles estão falando.)

Eu lhe darei a essência do marketing em duas sentenças:

Primeiro, é responsabilidade do marketing ver que todos estejam em sintonia.

Segundo, é atribuição do marketing transformar essa sintonia ou ideia diferencial no que chamamos de *direção coerente de marketing*.

A noção de ideia diferencial requer certa reflexão. Que tipo de ideia? Onde você encontra uma? Estas são as perguntas iniciais que devem ser respondidas.

Para ajudá-lo a respondê-las, proponho usar a seguinte definição específica: uma ideia diferencial é um ângulo mental competitivo.

Este tipo de ideia deve ter um ângulo competitivo a fim de ter a chance de sucesso. Isso não significa necessariamente um produto ou serviço melhor, mas deve haver um diferencial. Ele pode ser menor, maior, mais leve, mais pesado, mais barato ou mais caro. Pode ser um sistema de distribuição diferente.

Além disso, a ideia deve ser competitiva na arena total de marketing, e não apenas competitiva em relação a um ou dois outros produtos ou serviços. Por exemplo, a decisão da Volkswagen no final da década de 1950 de introduzir o primeiro carro "pequeno" foi uma excelente ideia competitiva. Na época, a General Motors estava fabricando nada além de barcos de patrulha grandes e cromados. O fusca foi um sucesso absoluto. Foi uma ideia óbvia.

O fusca VW não foi o primeiro carro no mercado, evidentemente. Mas foi o primeiro a ocupar a posição "pequeno" na mente do consumidor. Tornou o tamanho uma virtude, enquanto outros se desculparam pelo tamanho falando sobre "espaço".

"Pense pequeno", diziam os anúncios da Volkswagen. (Agora esta é uma ideia óbvia.)

Segundo, uma ideia diferencial deve ter um ângulo mental competitivo. Em outras palavras, a batalha acontece na mente do cliente potencial.

Os concorrentes que não existem na mente podem ser ignorados. Havia muitas pizzarias com entrega em domicílio quando John Schnatter lançou o Papa John's. Mas ninguém tinha a posição "os melhores ingredientes" em mente.

Um ângulo mental competitivo é o ponto na mente que permite a seu programa de marketing funcionar efetivamente. É esse o ponto que você deve alavancar para atingir resultados. Mas uma ideia não basta. Para completar o processo, você precisa transformar a ideia em uma estratégia.

O que é uma estratégia? Uma estratégia não é uma meta. Como a vida, uma estratégia deveria focar na viagem e não no destino. Os pensadores são orientados para metas. Primeiro determinam o que querem atingir, e depois tentam conceber formas e meios de atingi-las.

Mas a maior parte das metas simplesmente não é atingível. Estabelecer metas tende a ser um exercício de frustração. O marketing, como a política, é a arte do possível.

Roger Smith assumiu a General Motors (GM) em 1981; ele previu que a GM eventualmente teria 70% do mercado doméstico de carros das três grandes empresas, mais do que os 66% em 1979. Para se preparar para essa responsabilidade assustadora, a GM começou um programa de modernização de 50 bilhões de dólares. Cara, Roger estava enganado. Atualmente, a participação da GM no mercado doméstico das três grandes empresas é de 28% e está caindo. A meta dele era simplesmente inatingível porque não se baseava em uma ideia sólida.

Em minha definição, uma estratégia não é uma meta. É uma direção de marketing coerente. Uma estratégia é coerente no sentido de que é focada na ideia da qual foi selecionada. A Volkswagen teve um grande sucesso tático com o carro pequeno, mas não conseguiu elevar essa ideia a uma estratégia coerente. Esqueceu-se do "pequeno" e em vez disso preferiu introduzir no mercado norte-americano uma família de Volkswagens grandes, rápidos e caros. Mas outros fabricantes de automóveis já tinham concebido essas ideias automotivas. Isso abriu a brecha para os japoneses assumirem a ideia do carro pequeno.

Em segundo lugar, uma estratégia abrange atividades coerentes de marketing. Produto, precificação, distribuição, propaganda — todas as atividades que compõem o mix de marketing devem ser focadas com coerência na ideia. (Pense em uma ideia diferenciadora como um determinado comprimento de onda de luz e na estratégia como um laser afinado com o comprimento da onda. É preciso que ambos penetrem na mente do cliente potencial.)

Finalmente, uma estratégia é uma direção coerente de marketing. Uma vez estabelecida a estratégia, a direção não deve mudar.

O propósito da estratégia é mobilizar seus recursos para realizar a ideia diferenciadora. Ao comprometer todos os seus recursos para seguir uma direção estratégica, você maximiza a exploração da ideia sem a limitação que a existência de uma meta implica.

Como Avaliar a Propaganda

Em uma reunião da Association of Advertising, o tema básico anunciado foi que a propaganda não funciona se não for criativa.

É o mesmo e velho ditado em que as agências têm insistido há décadas. Tudo começa com uma reunião com o cliente, com muitos gráficos, fotos bonitas, fumaça, pouca estratégia e um orçamento muito alto.

O que o cliente deve fazer? Se você já se viu nessa situação, siga este procedimento para avaliar a propaganda.

Em primeiro lugar, a propaganda é o que você faz quando não consegue ver alguém pessoalmente. Você manda um comercial de televisão ou uma propaganda impressa para contar sua história. Qualquer programa publicitário precisa começar com a diferença do produto que você está tentando comunicar. Por que comprar meu produto em vez do produto de alguém? Você não está atrás de um *slogan* insignificante. Seu programa precisa conter essa diferença e o benefício que vem com ele.

A maioria das agências hoje apregoará que a propaganda precisa formar um vínculo com o cliente. Os clientes precisam gostar da propaganda, o que significa que você não pode forçar a venda. Gostar da propaganda só é útil se você estiver vendendo ingressos para assistir a ela.

Não engula tudo isso. Como escrevi anteriormente, o papel básico de uma agência é pegar essa diferença e torná-la interessante, dramatizando-a. As pessoas são atraídas para a mídia por causa de seu valor de entretenimento e informação, e não porque estão morrendo para ver sua última propaganda. A agência pode usar sexo e humor ou o que for, mas a propaganda deve comunicar essa razão para comprar. Se você gostar da maneira como a agência a realizou, vai aprová-la. Ou peça algo mais dramático.

Um bom exemplo foi a propaganda introdutória da Pepsi-Cola para sua marca de água, a Aquafina. A ideia diferenciadora é a garantia de pureza, que aparece no rótulo. O comercial não mostra nada além de água pura e a marca. A mensagem verbal descreve o produto como "nada mais puro". Eles fizeram um excelente trabalho de dramatizar o nada.

É importante perceber que as pessoas reconheçam uma propaganda ao vê-la. E uma vez que essas propagandas geralmente estão interrompendo o que as pessoas estão assistindo ou lendo, elas não ficam muito satisfeitas em serem forçadas a vê-las. Ninguém gosta de ser impingido. Logo, um pouco de sinceridade ajuda. Esse tipo de honestidade desarma as defesas de uma pessoa. As pessoas com frequência lhe dão uma resposta positiva se você for sincera com elas. Se o seu aparelho ou produto for meio feio, admita isso. Mas então diga que é muito confiável. As pessoas o comprarão. Foi exatamente isso que Bill Bernbach comunicou anos atrás, quando começou a escrever a propaganda para o fusca. Eles admitiram que o carro era pequeno e feio, mas também disseram às pessoas que era confiável. Isso não envolveu criatividade. Envolveu sinceridade e uma estratégia brilhante.

Para mim, um dos anúncios mais sinceros e efetivos é aquele que o Boar's Head está veiculando para anunciar seus 350 produtos. Eles comparam sinceramente suas carnes de alta qualidade aos produtos dos concorrentes. O conceito deles é simples: "Ser Quase Board's Head não é ser Board's Head". Eles convencem as pessoas a gastarem muito mais por quilo para obter qualidade.

Outra dica é tentar fazer sua mensagem parecer notícia. As pessoas estão sempre procurando notícias. As notícias desarmam as pessoas e elas se deixam "convencer". Acredite, se você começar uma propaganda com um anúncio dizendo: "Antes de apertar o botão de seu controle remoto, tenho uma notícia importante para você", você congela todos os espectadores em sua cadeira.

Tome cuidado também com a complexidade; você não vai ter muito tempo das pessoas, por isso deve manter a propaganda simples. Uma mensagem é melhor que duas. E aqui está um truque simples: faça rimas, se conseguir. Isso torna as suas palavras mais memoráveis. Por que você acha que as pessoas se lembram mais de poesia do que de prosa? É a rima. Ralph Waldo Emerson expressou muito bem isso ao dizer: "A via para o coração é o ouvido".

Mais importante, você está à procura da ideia óbvia que eu tenho pregado. Isso pode ser tão simples e comum que não apela para a imaginação. Como escrevi, os seres humanos gostam de ideias inteligentes, mas a ideia óbvia é aquela que tem mais probabilidade de funcionar bem.

Para resumir, quando você está avaliando propaganda, evite *slogans* sem sentido e procure a diferença de seu produto. Então julgue o quanto a propaganda dramatiza essa diferença, o quanto a mensagem é honesta, se ela é apresentada com simplicidade e se há notícias interessantes para seu cliente que se traduzam em benefício. Se a propaganda cumprir com parte ou tudo isso, é boa. Se não, é ruim. Então seja paciente e deixe a propaganda funcionar.

Leva tempo para que as pessoas gravem uma propaganda. Por isso, você precisa manter a mensagem um tempo suficiente para que seja captada por elas. Quando você estiver cansado da mensagem, seus clientes provavelmente começarão a notá-la e lembrar dela.

Se você está interessado em saber mais sobre esse assunto, pode tentar encontrar um livrinho excelente chamado *The Ad Contrarian*, escrito por Bob Hoffman.

Como Avaliar Logotipos

A seção anterior tratou da avaliação de propagandas, uma despesa que pode ser bem alta e um desperdício se não for feita corretamente. Acho que poderia ser útil refletir um pouco sobre a avaliação de outro processo que potencialmente pode representar uma despesa alta e um desperdício: identidade corporativa ou logotipos.

Se você já participou de uma reunião para discutir identidade corporativa ou logotipo, ouvirá termos como glifos, monogramas ou ângulos dramáticos. São atribuídos sentimentos às cores, as formas se tornam dinâmicas, elegantes ou sensuais. Tudo pode ser muito confuso. Por isso, vamos começar do início, num esforço de trazer esclarecimentos.

Os logotipos estão entre nós há milhares de anos. Uma placa de argila babilônica de 3.000 a.C. traz inscrições de um comerciante de unguento e de um artesão que fazia calçados. As legiões romanas também tinham. Na Idade Média, qualquer duque desconhecido com alguns cavaleiros tinha um logotipo colado no escudo. Havia insígnias por toda parte. Mas nenhum deles representava qualquer coisa. O que estava lá eram os nomes das pessoas envolvidas ou dos lugares onde se travavam grandes batalhas. O que isso lhe diz?

Não trata do símbolo, mas do nome ligado ao símbolo.

Você poderia dizer: "E o famoso símbolo da Nike que eu vejo em todos aqueles calçados esportivos, shorts e camisetas?".

É o nome Nike que dá significado ao símbolo. Mas eles gastaram centenas de milhões de dólares para ligar os dois, de modo que pudessem colocá-lo nas peças e não apenas para promover o nome deles. É realmente apenas um substituto para o nome.

Ironicamente, é o sucesso da Nike que leva as empresas a dizerem: "Eu quero um daqueles". Infelizmente, certa vez eu vi uma pesquisa sobre nomes e logotipos *versus* apenas logotipos (foram retirados os nomes). Você ficaria surpreso com a pequena quantidade de logotipos que são reconhecidos sem o nome — muito poucos. No entanto, milhões de dólares têm sido gastos em logotipos como o monograma da General Electric, o olho da CBS ou a estrela de três pontas da Mercedes. E esses símbolos levaram anos para se estabelecer. Seu símbolo novo provavelmente não tem chance de se sustentar sem o seu nome.

Veja os logotipos de maior sucesso como o Mobil, Hertz ou IBM. Todos eles têm um nome, e não um símbolo. A Mobil tem um O vermelho. A Hertz e a Federal Express têm tipografia original. O símbolo que vem com a American Airlines é simplesmente AA com um par de asas no meio. Ao se desenhar um logotipo, poder-se-ia dizer que o nome é o jogo.

Há outras considerações quando se desenha um logotipo. Uma delas é o formato. Ele deveria ser retangular porque você o vê melhor assim. Se for vertical ou horizontal demais, não é tão fácil de ler. O maior erro que as pessoas cometem é permitir que seus logotipos sejam difíceis de ler.

Algumas pessoas, se você acreditar, usam símbolos maiores que o nome. Outras deixam os designers escolherem um tipo para expressar o que eles acham que são os atributos da marca, em vez da capacidade de ser lido com rapidez. Alguns escolhem tipos ilegíveis. A legibilidade é o aspecto mais importante para se procurar ao selecionar um logotipo.

Veja a Absolut Vodka. O formato original de sua garrafa é, de fato, o seu logotipo. E eles o expressam com sua propaganda visual sobre o formato.

O Jaguar também tem um formato único que funciona como um logotipo, reconhecido rapidamente pelas pessoas. O Jaguar agora é da Ford e estou começando a ver que o formato está sendo modificado. Este pode ser um erro enorme.

A cor também pode ser importante na identidade de uma corporação. Por exemplo: cores quentes, como vermelho, laranja e amarelo, tendem a se destacar e atrair a atenção. Têm alta energia e são boas para o varejo. Azuis são agradáveis e conservadores. Não saltam à visão e são considerados refinados. Cores claras são descritas com frequência como informais e alegres.

Você se apossa de uma cor de modo que ela se torne parte de sua identidade.

A Hertz é amarela. A Avis é vermelha. A Kodak é amarela. A Fuji é verde. A Coca é vermelha. A Pepsi é azul. A FedEx é vermelha e roxa. A UPS é marrom. A cor pode ser uma maneira útil de identificar sua marca. Mas cuidado para não escolher a cor de seu concorrente.

Você poderia perguntar: E os logotipos que não têm nomes? Como aqueles que usam iniciais? É aí que é preciso ter cuidado. As iniciais só formam bons logotipos se forem substitutos do nome de uma empresa estabelecida. A General Electric é um nome longo, de modo que GE consiste em um excelente logotipo, porque é o que as pessoas usarão como codinome. O mesmo ocorre com FedEx, em lugar de Federal Express, ou de IBM, em vez de International Business Machines. Você é capaz de imaginar tentar circular um nome como Minnesota Mining and Manufacturing? Não é de admirar que eles se tornaram a 3M Company.

Mas lembre-se, codinomes são dados pelo mercado. Deveria ser como as pessoas tendem a chamá-lo. Não tente forçá-lo. Se as pessoas tendem a usar o seu nome completo, é o seu nome e é o que deveria ser o seu logotipo. A Metropolitan Life Insurance pode ser MerLife. Mas a New York Life sempre será New York Life.

Portanto é isso. Ao escolher um logotipo, o importante é o nome, e verifique se é fácil de ler. A cor e a tipografia são muito mais importantes do que o símbolo insignificante, a não ser que esse símbolo represente seu codinome — e lembre-se, este só será um codinome se for usado.

Ninguém Gosta de Mudar a Cabeça

Três novos artigos chamaram a minha atenção.

Um deles foi sobre como a Viacom descobriu que as crianças não gostam de sua MTV on-line. Parece que não passaram do cabo para sua oferta on-line chamada "MTV Overdrive". (Os números contam a história. Eles geraram menos de 4 milhões de espectadores em comparação ao MySpace, que recebe 55 milhões de visitantes, e o YouTube, que cresce rapidamente e reúne 16 milhões de espectadores. A programação de TV da Viacom alcança 82 milhões de espectadores por mês.)

O próximo artigo era sobre como os cupons de papel estão se mantendo contra a concorrência on-line. Com a capacidade da internet de ter grupos limitados de consumidores como alvo, poderíamos pensar que ela começaria facilmente a progredir contra aqueles jornais de domingo carregados de cupons que você precisa recortar. Acontece que essa forma lenta e antiga está se mantendo, contra o modo novo e rápido.

Finalmente, há os problemas atuais daquela poderosa marca Dell. Entre eles, notei a incapacidade deles em passar para eletroeletrônicos como TVs e aparelhos de som. A sólida imagem de marca deles não ajuda nos mercados de consumo, que crescem rapidamente.

O que está acontecendo aqui? Bem, caros leitores, essas três empresas foram contra um fato básico da vida: as cabeças não mudam. A MTV é algo a que você assiste na televisão. Cupons são algo que você recorta. E a Dell é uma empresa que faz venda direta de computadores. A futilidade de tentar mudar a mente no mercado é uma lição que aprendi muitos anos atrás.

Foram-se os tempos em que eu tentei fazer a Western Union ter uma percepção condizente com o século vinte e um. Tentamos anunciar tudo, desde lançamentos de satélite até serviços de comunicação avançados. Nada funcionou.

Depois de anos de esforço, a percepção que o consumidor tinha da Western Union como a empresa antiquada de telegrafia estava forte como nunca. O conselho final: mude o nome da empresa para Westar, e use a marca Western Union apenas nos serviços de telegrafia e ordem de pagamento. Qualquer coisa além disso seria inútil. Apesar de ser um bom conselho, nossa mensagem não foi bem recebida.

Desde aquela época, vi muitas outras esbanjar muito dinheiro tentando mudar a mentalidade no mercado. A Xerox perdeu centenas de milhões tentando convencer o mercado de que as máquinas Xerox que não fazem cópias valiam o que custavam. Ninguém comprou seus computadores.

A participação de mercado da Volkswagen caiu mais de 60 pontos, quando a empresa tentou convencer o mercado de que não era apenas a fabricante de um carro pequeno, confiável, econômico como o fusca. Ninguém comprou seus carros grandes ou caros e rápidos.

A Prell, fabricante do famoso xampu verde, decidiu introduzir uma versão azul. As pessoas preferiam o verde, e não o azul.

A Pepsi-Cola pensou ter uma ideia brilhante na forma de um refrigerante claro, à base de cola. Ninguém que comprava Pepsi-Cola achou uma boa ideia.

Quando o mercado faz sua cabeça sobre um produto, não há forma de mudar a mentalidade. Como o falecido John Kenneth Galbraith disse certa vez: "Diante da opção entre mudar a cabeça de alguém e provar que não há necessidade de fazer isso, quase todos se ocupam da prova".

Outra conclusão apoia a maneira como a mente fica mais confortável com o que já conhece. Um sentimento geral no marketing sempre foi que a propaganda de um novo produto deveria gerar mais interesse que aquela para marcas estabelecidas. Mas acontece que ficamos mais impressionados pelo que já conhecemos (ou compramos) do que pelo que é "novo".

Uma agência de pesquisa, a McCollum Speilman, testou mais de 22.000 comerciais de TV durante 23 anos. Quase 6.000 deles eram para novos produtos em 10 categorias.

O que eles constataram? A maior capacidade de persuasão e mudança de atitude — a chamada "excitação com produto novo" — ficou evidente apenas em *uma* das 10 categorias (produtos para animais de estimação) quando novas marcas foram comparadas com as estabelecidas.

Em outras nove categorias — que variam de drogas e bebidas a itens de higiene pessoal — não houve diferença real, nem excitação, permitindo que os consumidores distinguissem entre marcas estabelecidas e novas marcas.

Com milhares de comerciais diferentes de centenas de marcas diferentes, você pode descartar a criatividade como a diferença na persuasão. Ela se volta para o que estamos familiarizados — aquilo com o que nos sentimos confortáveis.

No livro *The Reengineering Revolution*, Michael Hammer, catedrático que se tornou consultor do MIT, refere-se à resistência inata dos seres humanos à mudança como "a parte que gera mais perplexidade, mais incômoda, desgastante e confusa" da reengenharia.

Para nos ajudar a entender melhor essa resistência, um livro intitulado *Attitudes and Persuasion* oferece alguns esclarecimentos. Os autores Richard Petty e John Cacioppo tratam de "sistemas de crenças". Veja a opinião deles sobre por que é tão difícil mudar uma "cabeça":

> A natureza e a estrutura de sistemas de crenças são importantes, da perspectiva de um teórico da informação, porque se considera que as crenças fornecem fundamentos cognitivos de uma atitude. (p. 184)

Para mudar uma atitude, presume-se ser necessário modificar as informações sobre as quais essa atitude se orienta. Portanto, em geral é necessário mudar as crenças de uma pessoa, eliminar antigas crenças ou introduzir novas crenças.

Está certo, você precisa mudar crenças. E fará tudo isso com um comercial de 30 segundos?

Por isso, meu conselho aos especialistas em marketing é que se sua incumbência for mudar a mentalidade das pessoas, não aceite essa atribuição.

Branding Simplificado

Branding é um assunto em marketing que adquiriu importância. Espalhou-se para áreas muito distantes de *branding* de produtos. Grupos de rock, estrelas de cinema e até sinfonias são referidas como marcas. Talvez seja hora de acabar com as bobagens e esclarecer as coisas.

Da última vez que eu vi, havia mais de 2.000 livros sobre algum tópico relacionado a marcas ou formação de marcas. O que costumava ser o logotipo e o nome de um produto ou empresa agora se tornou essa criação quase mística que abrange identidades e qualidades singulares separadas dos nomes de produto. Há um exército de consultores que tentam lhe vender um ou outro sistema de *branding*. Como Walter Landor disse certa vez: "Os produtos são criados na fábrica, mas as marcas são criadas na mente".

Nos velhos tempos, o nome de uma marca não era nada mais que uma palavra na mente. Um nome próprio que se escreva com letra maiúscula.

Mas hoje, há quase dois milhões de nomes de marca ou marcas registradas junto ao governo norte-americano. Para se ter sucesso, ajuda muito ter um bom nome.

Apesar disso, as empresas continuam a se dar nomes terríveis. O maior erro que as pessoas cometem é usar iniciais como USG, NCA ou AMP. Essas são empresas citadas entre as maiores 500, pela revista *Fortune*, mas nem todos os nomes iniciais são realmente nomes. São uma passagem só de ida para o esquecimento. Outro problema ocorre quando as empresas pegam um nome bom e o mudam para um nome ruim.

O serviço postal do Reino Unido renomeou-se Consignia, um nome que não tinha relevância para serviços postais. Quinze meses depois, após infindáveis piadas e ridicularização na mídia, voltou para o excelente nome anterior, Royal Mail Group. Muito tempo, esforço e dinheiro gastos nesse erro — nada inteligente.

Os melhores nomes estão diretamente ligados ao benefício de um produto como DieHard, uma bateria de longa duração, ou Windex, um limpador de janelas, ou loção corporal Intensive Care.

Outra dica é um nome que soe bem, como sabonete Caress ou adoçante NutraSweet. De muitas maneiras, a mente funciona pelo ouvido, de modo que você quer evitar nomes com sons estranhos, como UNUM, Agilent ou Zylog. O que você quer são nomes que soam bem como Humana ou Acura.

Agora, vamos passar para o *branding*.

Um programa de *branding* é o que diferencia seu produto ou empresa dos outros em sua categoria. E, se você não tiver um aspecto diferencial, é melhor ter um preço muito baixo. Um exemplo é a Toyota, que ao longo de muitos anos estabeleceu a poderosa posição como um automóvel "confiável". Eles dirigiram essa ideia de diferenciação para se tornar a marca líder do mundo em automóveis.

Você poderia dizer: "Não é esse o procedimento operacional padrão para a maioria dos profissionais de marketing?".

Assim fosse. Uma agência de pesquisa chamada Copernicus investigou 48 pares de marcas líderes em 48 produtos e categorias de serviço diferentes. O objetivo era avaliar se as marcas estavam se tornando similares e comoditizadas ao longo do tempo. Tragicamente, das 48 categorias avaliadas, 40 foram percebidas como cada vez mais parecidas.

Três razões foram apresentadas para explicar isso. Houve uma mudança da construção da marca para programas promocionais ou acordos. Houve uma mudança da propaganda orientada para informação para aquela orientada para o entretenimento. (Já escrevi muito sobre isso em capítulos anteriores.) Além disso, há falha na comunicação de um ponto diferencial distintivo. Isso move a equação de *branding* para *pricing*. E vou lhe contar, os primeiros a explorar a semelhança percebida são os grandes comerciantes de massa como o Wal-Mart e a Home Depot. Eles colocarão uma pressão enorme sobre você para reduzir seus preços. E não o comercializarão se o comprador potencial não perceber uma razão para pagar um pouco mais por sua marca.

Isso levanta outra questão: "Por que as empresas têm problema com isso?".

O truque é imaginar uma forma de expressar essa diferença. É fácil se você for mais rápido ou sofisticado ou mais seguro ou novo. Mas com frequência você precisa encontrar outros atributos não relacionados ao produto como liderança, preferência, ou herança. O que quer que você selecione, use-o para estabelecer um benefício para o seu cliente potencial. Muitas empresas simplesmente não entendem isso. Elas promovem *slogans* sem sentido. Michael Porter disse muito bem:

> A estratégia competitiva diz respeito a ser diferente. Significa escolher deliberadamente um conjunto diferente de atividades para oferecer um conjunto singular de valor. A essência da estratégia está nas atividades — escolher o desempenho de atividades de um modo diferenciado ou desempenhar atividades diferentes dos rivais. Caso contrário, uma estratégia não é nada mais que um *slogan* de marketing que não suportará a concorrência. (p. 45)

Logo, se você quer uma definição simples de *branding*, aqui está. Consiste em estabelecer uma marca e uma ideia diferenciada na mente de seu cliente potencial.

Dito isso, não é algo exatamente simples. Há uma parte difícil em *branding*. É chamada manter o foco. A seção a seguir concentra-se nesse assunto.

Branding Simplificado: A Má Notícia

Na seção anterior, tentei esclarecer o que era *branding*. Resume-se em construir percepções sobre o que o diferencia e qual é o benefício nessa diferença. Agora vamos às más notícias.

Criar uma marca costuma ser mais fácil do que protegê-la da destruição por forças internas.

Isso acontece com frequência devido às pressões que o pessoal do financeiro coloca sobre uma organização. Para atingir os números desejados, as pessoas começam a fazer coisas que começam a abalar uma marca.

Para obter mais negócios, a organização começa a perder o foco daquilo que a torna única. Eles fazem coisas que abalam a essência da marca. Pegam o que é óbvio e o tornam menos óbvio. Vão atrás de negócios que não deveriam ir, como a Marlboro que tentou vender cigarros com mentol, ou a Cadillac que tentou vender Cadillacs pequenos. Às vezes, eles criam uma submarca, pensando que isso dará legitimidade ao novo esforço. Como o Holiday Inn Crowne Plaza — os clientes acharam a versão Crowne Plaza um pouco cara demais para um Holiday Inn. Nunca decolou.

É fácil ver os problemas em tentar uma posição melhor no mercado com uma marca que tenha um posicionamento mais fraco, mas o que dizer do inverso? Essa pode ser uma notícia boa e ruim.

A Waterford Crystal está tentando isso com Marquis by Waterford. Quanto mais sucesso os cristais mais baratos tiverem, mais isso abalará a marca cara Waterford. O mesmo acontece com a Mercedes. Quanto mais modelos baratos eles lançarem, mais eles destruirão o prestígio da Mercedes maior e mais cara. Uma marca é uma promessa. Ela cria as expectativas do que o produto precisa oferecer.

Você pode perguntar: "Uma marca pode ser comercializada em mais de uma forma ou modelo?".

Certamente, contanto que formas ou modelos diferentes não se afastem da essência da marca ou do conceito que a torna diferente das outras marcas. Se a Heinz é a marca líder do mercado de *ketchup*, a mostarda Heinz não faz sentido na mente de um cliente. Se a Nike é o que os melhores atletas do mundo usam, uma bola de golfe Nike não faz muito sentido. Certamente você não a usará. O que os salvou foi que, para muitos, é a bola que Tiger Woods usa. Uma bola de golfe usada por Tiger Woods vendeu muito melhor que uma bola de golfe Nike.

Muitos me perguntam por que esses tipos de decisão são tomados.

A resposta é ganância. Muito frequentemente, a nova gerência chega e, encorajada por Wall Street, força a marca a ir além de onde deveria. Considere o mais recente pronunciamento de marketing da Volvo. Eles estão pedindo às agências para fazerem uma propaganda que fale mais do que a segurança. Eles alegam: "Segurança não basta". Errado. Segurança é o que eles são e eles estão deixando os fabricantes de carros japoneses assumirem a liderança em inovação de segurança eletrônica. A Volvo precisa melhorar em segurança, e não mudar para emoção ou alguma outra ideia vaga, não diferenciada.

Isso me leva à pergunta final: "Então, como você evita perder o foco e abalar sua marca?".

A resposta é *sacrifício*. Abrir mão de algo pode ser bom para o seu negócio. Quando você estuda categorias durante um longo período de tempo, pode ver que acrescentar mais pode enfraquecer o crescimento, em vez de ajudá-lo. Quanto mais você acrescentar, mais arrisca minar sua ideia diferenciadora básica. O sacrifício vem em três formas:

1. *Sacrificar o produto* ou manter o foco em um tipo de produto — a Duracell em baterias alcalinas, a KFC em frango, a Southwest Airlines em viagens curtas.

2. *Sacrificar o atributo* ou manter o foco no tipo de atributo do produto — a Nordstrom em serviços, a Dell na venda direta, a Papa John's Pizza em ingredientes melhores. Seu produto pode oferecer mais do que um atributo, mas sua mensagem deve estar focada naquele que você quer que prevaleça.

3. *Sacrificar o mercado-alvo* ou manter o foco no segmento-alvo em uma categoria lhe permite tornar-se o produto preferido naquele segmento — DeWalt para ferramentas profissionais, a Pepsi para a geração mais jovem, o Corvette para a geração que quer ser jovem. Se você vai atrás de outro segmento, é provável que se afaste de seus clientes originais.

Por isso, aí vai, em termos simples: *branding* é colocar uma marca na mente do consumidor juntamente com seu diferencial. O truque é manter o foco no que a marca representa e não ser ganancioso.

Quando Ninguém Está no Comando

Estamos em um período interessante no mundo do marketing. Primeiro, a revista *Time* anuncia que a pessoa do ano é "Nós", ou todos aqueles que têm blogs ou batem papo na internet e que afetam jornalistas, políticos, celebridades e qualquer um que se torne o alvo.

Então a *Advertising Age* anuncia que a Agência do Ano não é uma agência, mas o prêmio vai para "Nós", ou todos aqueles que fazem vídeos, blogs e se instalam na rede, minando os profissionais das agências. Eles explicaram isso dizendo que o consumidor é o rei e embora a *Time* insista nisso, eles estão aderindo ao "Nós". A *Advertising Age* tem uma explicação para isso: "A *Time* está tomando o conteúdo gerado pelo consumidor sobre líderes mundiais, ditadores com armas nucleares e pessoas que estão tentando salvar nosso planeta falido. A *Advertising Age* está preferindo o 'Nós' aos criadores de conteúdo profissional".

Então eu vi algo que me convenceu de que, de fato, os internos tinham se apossado do manicômio. Parece que os amadores estão escrevendo propagandas para o Super Bowl. É isso mesmo, alguns profissionais de marketing estão realizando concursos pela internet que permitem que propaganda gerada pelo consumidor apareça no que está custando quase $ 3 milhões de dólares por comercial no Super Bowl.

O que está acontecendo? Talvez seja hora de rever qual é o papel da propaganda e também o papel da agência de propaganda.

O marketing deveria servir para diferenciar seu produto na mente de seus clientes existentes e potenciais. Expressei isso durante muitos anos em um livro atrás do outro, inclusive neste. É por isso que o marketing não é uma guerra de produtos, mas de percepções.

Logo, o papel da propaganda é dirigir essa ideia ou percepção diferenciadora para a mente. Uma analogia pode ajudar: considere a ideia diferenciadora como um prego que você quer que entre na cabeça. Um programa publicitário é, de todas as maneiras, o martelo que você usa para que essa ideia entre nela.

Dito isso, o que "Nós" sabemos a respeito? Chegaremos a alguma forma de comercial inteligente que provavelmente não inclua uma razão para comprar o produto em vez do produto do concorrente. Será o tipo de comercial que expulsará a resposta do "o que eles estão vendendo"? Se um profissional de marketing expuser com clareza tudo isso antecipadamente, dizendo àqueles consumidores ou amadores que estão gerando essa propaganda: "Este é o meu diferencial, eu quero que você o dramatize", talvez você receberá algo de valor. Mas minha tendência é duvidar. A propaganda efetiva é uma ciência que exige muita experiência e treinamento. Certamente, há um grau de arte envolvido, mas você nunca deveria deixar a arte entrar em uma mensagem de venda. A maior parte das más propagandas trata de entretenimento, e não de venda. E receio que este seja o tipo de coisa que os profissionais das agências queiram produzir. Para eles, vender é uma palavra feia.

Finalmente, algumas reflexões sobre a internet, onde a chamada revolução do consumidor está acontecendo. Como escrevi anteriormente, devemos ter cuidado quanto a essa chamada mudança. Por exemplo, recentemente ouvi que algumas empresas on-line estão começando a usar catálogos antiquados em seus esforços de marketing. Isto é, no mínimo, algo inesperado.

Mais uma vez, o que está acontecendo? Bem, o que as empresas estão descobrindo é que a internet é outra ferramenta, e não o marketing de mídia tradicional, que quer ser tudo, com todas as finalidades. Os catálogos são generosamente carregados de menções a sites para que as pessoas possam obter mais informações. Isso tira o excesso de informação do catálogo. Assim, eles podem ter um design melhor e ser mais do que um veículo para falar sobre ou construir a marca. Eles percebem que o catálogo apresenta melhor o que são e o que oferecem. E suspeito que nenhum de "Nós" esteja escrevendo os catálogos para eles.

Para mim, isso parece uma maneira melhor de dirigir o manicômio.

CAPÍTULO
7

Ajuda para Buscar o Óbvio

Em geral, a busca deveria começar com a concorrência. Não é o que você quer fazer. É o que sua concorrência o deixará fazer. Além disso, é preciso evitar erros que são cometidos com frequência. Apresentarei duas de minhas estratégias óbvias preferidas.

Reposicionar a Concorrência

Esta é uma de minhas estratégias preferidas e também muito eficaz que caiu em desuso. Por quê? Não tenho a menor ideia; só sei que os profissionais da criação a consideram pouco criativa. Chama-se "reposicionamento da concorrência", e meu ex-sócio Al Ries e eu escrevemos sobre ela em um livro chamado *Positioning: The Battle for Your Mind* (Posicionamento: A Batalha por sua Mente).

Em termos simples, para fazer uma ideia ou produto novo "entrar na cabeça", primeiro é preciso tirar uma ideia velha de lá. "A Terra é redonda", dizia Cristóvão Colombo. "Não, não é," dizia o público, "é plana".

Para convencer o público do contrário, os cientistas do século quinze tiveram que provar que a Terra não era plana. Um de seus argumentos mais convincentes foi o fato de que os marinheiros no mar conseguiam observar, primeiro, o topo dos mastros das embarcações que se aproximavam, depois as velas e finalmente o casco. Se a Terra fosse plana, eles veriam o navio todo de uma vez só.

Não houve argumento matemático no mundo que funcionasse tanto quanto uma observação simples que o próprio público deveria fazer para verificar isso. Uma vez abandonada uma ideia velha, vender uma ideia nova é ridiculamente simples. De fato, com frequência as pessoas buscarão ativamente uma nova ideia para preencher aquele vazio.

Não tema nunca o conflito. A essência de um programa de reposicionamento consiste em questionar um conceito, produto ou pessoa existente. O conflito, até mesmo o conflito pessoal, pode construir uma reputação da noite para o dia. Onde estaria Sam Ervin sem Richard Nixon? (Seu pessoal mais jovem perdeu isso.)

Da mesma forma, onde Richard Nixon estaria sem Alger Hiss? E Ralph Nader ganhou fama não por tecer comentários sobre a Ralph Nader, mas por sair atacando sozinho a maior corporação do mundo.

As pessoas gostam de ver a bomba explodir.

O Tylenol saiu e acabou com a Aspirina.

"Para milhões de pessoas que não deveriam tomar aspirina", dizia a propaganda do Tylenol. "Se o seu estômago fica facilmente irritado... ou se você tem úlcera... ou sofre de asma, alergias ou anemia ferropriva, consulte seu médico antes de tomar aspirina."

"A aspirina pode irritar seu estômago", continuava a propaganda do Tylenol, "desencadear reações asmáticas ou alérgicas, causar pequeno sangramento gastrintestinal, não percebido".

"Felizmente, chegou o Tylenol..."

Sessenta palavras de texto antes de qualquer menção ao produto do anunciante. As vendas do Tylenol, acetaminofenol, dispararam. Hoje o Tylenol é a marca nº 1 de analgésicos. Uma estratégia simples, mas efetiva, de reposicionamento funcionou contra uma instituição como a Aspirina. Espantoso.

Stolichnaya acabou com a vodca americana.

"A maioria das vodcas americanas parece russa", dizia a propaganda. E a chamada dizia: "Samovar: Feita em Schenley, Pensilvânia. Smirnoff: Feita em Hartford, Connecticut. Wolfschmidt: feita em Lawrencebur, Indiana. Stolichnaya é diferente. É russa e feita em Leningrado". (Atualmente, São Petersburgo.)

Um dos anúncios mais eficientes da Procter & Gamble foi aquele que lançou o antisséptico bucal Scope. A Procter & Gamble usou duas palavras para reposicionar o Listerine, o rei da halitose: "hálito de remédio". Quem quer cheirar a um hospital?

Mais de 20 anos atrás, a BMW lançou seu carro que teve muito sucesso ao reposicionar a Mercedes. A chamada no início da propaganda dizia: "O máximo em conforto *versus* o máximo em máquina para dirigir". Quem quer apenas uma sala de estar sobre rodas?

O sucesso do Tylenol, Scope, Stolichnaya e outros programas de reposicionamento estimularam uma série de propagandas semelhantes. Com muita frequência, no entanto, essas campanhas imitadas esqueceram-se da essência da estratégia do reposicionamento.

"Somos melhores que nossos concorrentes" não é reposicionamento. É propaganda comparativa e não funciona muito bem. O raciocínio do anunciante apresenta uma falha psicológica que o cliente potencial detecta rapidamente. "Se a sua marca é tão boa, por que não é a líder?"

Uma rápida análise de propagandas que recorrem à comparação sugere por que a maioria delas não funciona. Elas não reposicionam a concorrência.

Em vez disso, usam o concorrente como um parâmetro para sua própria marca. Então dizem ao leitor ou espectador o quanto são melhores. É claro que isso é exatamente o que o cliente potencial espera que o anunciante diga.

O desodorante Ban certa vez veiculou uma propaganda que dizia: "Ban é mais eficiente que Right Guard, Secret, Sure, Arrid Extra Dry, Mitchum, Soft & Dry, Body All e Dial". O leitor olha uma propaganda como essa e pergunta: "O que mais tem de novo?".

Ironicamente, essa estratégia continua funcionando bem na política. Karl Rove causou um enorme prejuízo a John Kerry ao reposicioná-lo como vira-casaca. Isso ajudou George Bush a firmar sua forte liderança. Infelizmente, a campanha de Kerry ocupou-se demais em tentar posicioná-lo como herói da guerra do Vietnã em vez de atacar o passado de Bush. Eles deveriam ter usado o reposicionamento contra a estratégia de Bush dizendo que o Presidente Bush era "forte, mas equivocado".

Interessante que eu tive oportunidade de virar a mesa sobre Rove. Ao trabalhar com Nancy Pelosi durante as eleições de 2006, recomendei aos Democratas o uso de uma estratégia óbvia de reposicionamento contra os Republicanos. Minha sugestão: Atrele "incompetente" à administração de Bush e ao partido republicano. Foi exatamente o que eles fizeram e todos sabem como isso funcionou.

Lidando com a Concorrência

Trabalho com marketing há mais de 40 anos. Já vi os bons tempos e os novos tempos difíceis. Quando me perguntam o que mudou, respondo dizendo apenas: a concorrência. O que antes, a meu ver, era um mercado competitivo, hoje mais se parece um chá da tarde. Todos estão atrás do negócio dos outros.

Por causa dessa situação lamentável, a chave para a sobrevivência é começar todo plano de marketing pensando em sua concorrência. Não é o que você quer fazer, é o que seu concorrente o deixará fazer. Nas duas próximas seções, darei dicas de sobrevivência em sua busca por uma estratégia óbvia.

Evite a Força de um Concorrente e Explore a Fraqueza Dele

Quando um concorrente é conhecido por alguma coisa, você precisa ser conhecido por outra. Muitas vezes, a fraqueza de um concorrente é algo que você pode explorar. Se a força do McDonald's é ser um lugar de jovens, o Burger King pode explorar isso, tendo clientes adultos. Durante anos, os automóveis de Detroit foram considerados pouco confiáveis. A Toyota conseguiu explorar essa percepção e atribuir "confiabilidade" à sua marca.

Mas lembre-se, estamos falando de força e fraqueza na mente de quem faz parte do mercado. O marketing é uma guerra de percepções. O que você está fazendo, na verdade, é explorar percepções.

Seja Sempre um Pouco Paranoico sobre a Concorrência

Estamos vivendo em um mundo onde todos estão atrás dos negócios dos outros. Você precisa perceber que um de seus concorrentes provavelmente estará em uma reunião tentando arquitetar alguma maneira de pegá-lo. Você precisa juntar informações constantemente sobre o que seus concorrentes estão planejando. Estas podem vir de uma força de vendas inteligente ou de um cliente amigo ou ainda, de alguma pesquisa.

Nunca subestime seu concorrente. De fato, você estará mais seguro se fizer o contrário. A AT&T, DEC, Levi's e Crest são testemunhos de terem subestimado o prejuízo que os concorrentes podem acarretar até mesmo aos líderes de mercado.

Em Geral, os Concorrentes se Sairão Melhor se Pressionados

As empresas que se julgam capazes de explorar um concorrente descuidado cometem um grande erro. Elas ridicularizam o produto ou serviço de seu concorrente e dizem que podem ser melhores. Então vejam o que acontece, seu grande concorrente de repente melhora e a dita vantagem desaparece.

Avis, a nº 2, se esforçou mesmo, mas a Hertz melhorou rapidamente seus esforços. Então um dia veicularam uma propaganda arrasadora, com a chamada: *Durante anos, a Avis disse ser a nº 2. Agora vamos lhe contar por quê.*

Então colocaram uma lista de todos os seus aprimoramentos. A Avis nunca se recuperou totalmente. Nunca construa um programa em torno dos erros de seu concorrente. Eles os corrigirão rapidamente.

Quando o Negócio Está Ameaçado, os Concorrentes Não São Racionais

A sobrevivência é um instinto poderoso na vida e nos negócios. Quando ameaçada, toda a racionalidade sai pela janela. Uma história que gosto de contar é sobre essa tendência.

Uma empresa nova lançou um sistema de embalar cenouras que gerou uma vantagem de preço clara sobre as duas grandes fornecedoras que já estavam no ramo.

Para chegar às prateleiras dos supermercados, a empresa não entrou no mercado com cenouras da melhor qualidade, mas com o melhor preço, e as marcas estabelecidas imediatamente baixaram seus preços. Isso só forçou a empresa nova a abaixar ainda mais, e as empresas chegaram a preços comparáveis.

Quando um dos membros da diretoria pediu à gerência da empresa nova para prever o que aconteceria, eles previram que as duas empresas grandes não continuariam a reduzir seus preços porque isso era "irracional". Elas estavam perdendo dinheiro por terem uma tecnologia ultrapassada de embalagem do produto.

Esse membro da diretoria me chamou para uma consultoria. Eu o adverti que eles continuariam a agir de modo irracional até forçarem a nova empresa a sair do mercado. Por que eles facilitariam a entrada de uma nova empresa que ameaçava a estabilidade deles?

Na reunião seguinte da diretoria, a gerência da empresa nova foi aconselhada a vender seu novo sistema de embalagem às marcas estabelecidas. Fizeram isso e tiveram um bom lucro.

As empresas não têm de ser racionais.

Conheça seu Inimigo

A última seção lhe deu quatro dicas sobre como desenvolver seu plano de marketing; tudo, desde explorar a fraqueza de um concorrente até nunca subestimar a concorrência. Veja outras quatro dicas.

Enfrentar a concorrência é algo que não está ficando mais fácil. Se você quiser saber mais sobre o assunto, sugiro que adquira um exemplar de *Marketing Warfare* (Guerra do Marketing), um livro que meu ex-sócio e eu escrevemos há 20 anos. (De fato, existe uma edição do 20º aniversário.) Estabelece um modelo competitivo sobre como deveria ser sua estratégia baseada em sua posição no mercado. Tudo consiste em conhecer seu inimigo.

Esmague seus Concorrentes Menores o Mais Rápido Possível

Na guerra, os generais têm uma máxima importante quando sofrem um ataque:

> O melhor lugar para lidar com uma força invasora é na água, onde esta tem menor capacidade de manobrar. Em seguida, ataque-os nas praias, onde eles têm possibilidade limitada de manobrar Mas, acima de tudo, não os deixe chegar em terra, onde eles podem avançar.

O mesmo vale para os negócios: você deve tomar iniciativa contra seus concorrentes menores assim que possível, para que eles não possam avançar e dominar a área. A General Motors recuou quando os alemães e japoneses invadiram o mercado americano com carros pequenos. Eles acharam que não poderiam ganhar dinheiro com esse tipo de carro, então racionalizaram rapidamente sua posição, convencendo-se de que os americanos queriam carros grandes e confortáveis. Errado.

A Gillette, por outro lado, contra-atacou os aparelhos de barbear descartáveis da BIC com o chamado Good News, descartável e com duas lâminas. Eles podem não ganhar muito dinheiro com esses aparelhos, mas hoje dominam essa categoria tanto quanto a categoria tradicional e mais lucrativa dos cartuchos de lâminas.

Mas é preciso ter cautela. Ninguém esmagou o concorrente melhor que a Microsoft. Meu conselho: continue pressionando a concorrência até que os agentes da polícia federal fiquem sabendo. Então peça desculpas e recue um pouco.

Se o seu Concorrente for Maior, Evite Ser Esmagado

Veja o outro lado da moeda. Como você faria para evitar um grande concorrente que acaba de seguir o meu conselho?

Em duas palavras, tenha cuidado.

A melhor estratégia é se aproximar de um grande concorrente logo no início e não parecer ameaçador nunca. Construa seu negócio e sua força devagar, em lugares onde tem menos visibilidade. Depois de ganhar tamanho e força, você tem condições de aparecer e lidar melhor com os grandes participantes.

O Wal-Mart começou em locais dos Estados Unidos com poucos habitantes onde os principais concorrentes no varejo eram lojas de famílias. Só depois de ganhar força e tamanho passou para áreas com alta densidade populacional, onde confrontou os outros grandes estabelecimentos no comércio de massa.

A Sono-Site liderou no ramo de aparelhos pequenos e portáteis de ultrassom, capazes de competir com grandes máquinas de ultrassom, caras, fabricadas pela General Electric. Eles ganharam presença global sem fazer alarde, antes que a General Electric pudesse entrar no jogo de máquinas pequenas. Hoje, são praticamente uma marca genérica.

A Southwest Airlines perseguiu uma estratégia semelhante de construir lentamente rotas mais curtas em aeroportos não centrais. Começou no Texas, passou para a Costa Oeste, então se espalhou pelo Centro-oeste e agora está operando no Leste americano. Quando as grandes empresas aéreas a desafiaram, a Southwest já tinha se fortalecido. E Herb Kelleher manteve algumas diferenças reais de seus grandes concorrentes que lhe garantiram os custos baixos: sem refeição, reservas, aeroportos centrais, e com apenas um tipo de avião. Agora ele faz anúncio no Super Bowl, tem alta visibilidade e está chutando o traseiro dos outros.

Se Você Está Perdendo a Guerra, Vá para Outro Campo de Batalha

Uma empresa que aceita uma derrota não continuará no ramo. (Só um relógio Timex faz isso.) Mesmo empresas endinheiradas sofrerão nesse mundo competitivo. É melhor tentar um lugar onde você possa aproveitar melhor suas vantagens.

Ao manter a fabricação nos Estados Unidos, a Levi's não conseguia competir em preços com as fabricantes de jeans que a imitavam. Mudando para uma estratégia que a destacava como autêntica ou original, a empresa poderia ter jogado com sua força enquanto justificava por que pagar um pouco mais pelo jeans. E isso também lhe daria tempo para mudar a confecção para o exterior.

O Corn Flakes da Kellogg's está vencendo a batalha contra o Cheerios com sua estratégia atual. Mudar o foco para "o verdadeiro cereal" coloca a questão em um contexto que favorece a Kellogg's, uma empresa que fabrica seu cereal à moda antiga, e não de forma processada.

Você quer mudar o mercado a ponto de poder usar seu diferencial contra seu concorrente em vez de ser massacrado pelo diferencial de seu concorrente.

Se um Concorrente Maior For Atacar, Ataque Primeiro

Finalmente, você precisa enfrentar a realidade sobre tamanho e força. Como na guerra, os maiores exércitos em geral tendem a vencer os menores. Mais pessoas atirando em um grupo menor quase sempre resulta em vitória para o lado que tem mais gente.

Por isso, diante de um ataque importante, você deve encontrar uma maneira de atacar primeiro, mesmo que sua única razão seja preocupar ou desequilibrar o concorrente. Caso contrário, sua derrota será rápida e decisiva.

Foi exatamente o que a DEC enfrentou enquanto a IBM preparava o ataque aos computadores de pequeno porte com o PC. Um lançamento antecipado de um computador de mesa atrasaria acentuadamente a penetração da IBM no mercado. Levantaria questões acerca da potência e seriedade do PC da IBM. Em vez disso, sem atacar, a DEC deu tempo para a IBM aprimorar a potência e desempenho dessas máquinas, introduzindo novas gerações (o XT e o AT).

Em suma, foi aí que a DEC começou a decair.

Solução *versus* Direção

Quando surgem problemas, seja em marketing, na política ou na vida, todos procuram uma solução. Todos nós fomos programados para resolver problemas apresentando soluções.

É interessante que meus anos de experiência com solução de problemas para empresas me levaram a crer que procurar uma solução não leva a nada. Não existe solução fácil para problemas complexos. O que existe, em vez disso, é uma direção óbvia. Isso porque com frequência uma situação envolve um número muito grande de variáveis. Ao contrário de resolver um problema matemático, lidamos muitas vezes com a condição humana, o que certamente acrescenta um nível de complexidade que levaria um matemático a beber. Há a concorrência ou compromissos pessoais ou tecnologia que gera instabilidade ou, em diplomacia, interesses nacionais.

Uma direção mais a longo prazo é muito mais flexível porque lhe dá espaço para manobra, para lidar com a mudança e eventos imprevisíveis. Com frequência, saber para onde você vai é o melhor que pode fazer em uma situação difícil. Também é a essência de uma boa estratégia.

Vou explicar esse processo em dois exemplos. Um deles relaciona-se aos negócios e o outro é um problema diplomático. Ambos são muito complexos e sérios. E também são muito parecidos.

O primeiro é a General Motors (GM). Como você leu, não existe solução fácil para uma empresa que está perdendo participação de mercado há mais de 20 anos. O resultado: fábricas demais, pessoal demais, funcionários demais perto de se aposentar, com altos custos de assistência médica e marcas que perderam seu significado ao longo dos anos em que se tornaram parecidas às demais, com preços e características próximos. Tal situação só pode ser resolvida com uma mudança de direção, e esta é óbvia. A GM precisa reposicionar todas as suas marcas para que o mercado saiba a diferença entre o Saturn, o Chevrolet, o Pontiac, o Buick e o Cadillac. Em outras palavras, se a BMW representa dirigibilidade, a Mercedes representa prestígio e a Toyota representa confiabilidade, o que as marcas da GM devem representar? Em muitos sentidos, foi o que Alfred Sloan fez quando colocou a GM na rota do sucesso, alcançando quase a metade do mercado de autos nos Estados Unidos. (Trataremos mais sobre o assunto no Capítulo 9.)

Fazer isso não será fácil porque a cada marca deve ser atribuída uma posição, estilo e preço específicos, e cada uma deve ter seu valor. Em outras palavras, estamos falando de uma cirurgia importante e, se necessário, de cortar uma marca que não tem para onde ir em um mundo de concorrência cruel. Fazer isso no curto prazo não será possível. Será uma longa jornada, passo a passo. Mas pelo menos eles saberão para onde estarão indo. É uma direção clara.

O segundo exemplo é a mãe de todos os problemas. É chamado Iraque. Você poderia dizer que o Iraque não é um problema de marketing. Perdão, mas eu discordo. Para mim, é um problema de vendas gigantesco para o público dos Estados Unidos, para a comunidade mundial e para os iraquianos. Mas não há solução fácil para vender, e é por isso que o ex-Presidente Bush teve tanta dificuldade em vender suas ideias. Toda dita "solução" fracassou ou foi abandonada. É hora de tentar vender uma "direção".

Como a GM, o Iraque tem várias marcas: os curdos, os sunitas e os shiitas. E de novo, como a GM, a atual tentativa é forçá-los a deixar suas diferenças de lado e formar um governo unificado onde todos se pareçam e mostrem essas semelhanças. É evidente que essa "solução" não está funcionando porque essas marcas não confiam umas nas outras e, se você ler História, verá que nunca confiarão.

Logo, é preciso ter uma direção que acomode esse fato básico no Iraque. O que faz sentido é, novamente como a GM, deixar as marcas terem uma administração independente. O que significa três estados com sua própria segurança e legislação. O único papel para um governo federal seria encontrar uma maneira de dividir os recursos (a renda do petróleo) de modo que cada marca pudesse gerar certa prosperidade para seu povo. E a prosperidade é nossa melhor arma contra o terrorismo. Por quê? Porque as pessoas percebem rapidamente que o terrorismo é ruim para os negócios.

As pessoas nos Estados Unidos comprariam essa estratégia? Claro que sim. Os vizinhos do Iraque aceitariam? Evidentemente. A comunidade mundial achará que este é um bom caminho a seguir? Sem dúvida. E com um programa de divisão do petróleo, os iraquianos muito provavelmente aceitariam essa direção.

O mais difícil de vender será a administração Bush, que esteve fazendo o marketing de um país unificado como exemplo de liberdade e democracia no Oriente Médio.

Mas veja, o que eu posso saber, sou apenas um sujeito da área de marketing tentando encorajar bons direcionamentos em lugar de soluções.

Como Expressar a Declaração da Missão

Uma estratégia óbvia de marketing é como a declaração de uma missão, e você poderia supor que uma vez que uma empresa entende sua estratégia diferenciadora básica, seria uma questão simples sentar-se e expressá-la como uma declaração.

Não faça essa suposição.

Uma vez que a Volvo representa segurança, a declaração óbvia de sua missão seria algo como: "A Volvo dedica-se a fazer os veículos mais seguros do mundo".

Você acha que a Volvo tem alguma coisa parecida, pendurada na parede de suas dependências? Que nada. Sua missão tem 130 palavras e "segurança" aparece como a 126ª palavra. (Quase que não foi colocada na declaração.)

Não é de admirar que a Volvo esteja migrando para carros esportivos — conversíveis, como seu C70. Nesses carros, desapareceu sua aparência de "tanque de guerra". Se a empresa continuar nesse caminho, seu negócio desaparecerá.

É pensamento corrente que a declaração de uma missão ajuda a definir o que uma empresa quer ser quando crescer. As empresas passam semanas e meses agonizando sobre cada palavra.

Se você explorar essa ideia, verá que há um processo amplamente aceito para criar essas declarações. O quadro a seguir apresenta as fases de esforço juntamente com nossas observações sobre os problemas que vemos em cada fase.

Como Nascem as Declarações de Missões
Fase 1: Visualize o futuro.
(Isto não pode ser feito.)
Fase 2: Elabore uma missão da força-tarefa.
(Perda de tempo por parte de funcionários caros.)
Fase 3: Desenvolva um esboço de uma declaração.
(Muitas mãos tornam as coisas românticas.)
Fase 4: Comunique a declaração final.
(Pendure-a na parede para que os funcionários a ignorem.)
Fase 5: Operacionalize a declaração.
(Transforme a empresa em algo sentimental.)

Quanto a mim, esse processo acrescenta complicação desnecessária para a maioria das empresas e muito pouco benefício.

Nada prova esse ponto melhor do que ver um livro de Jeffery Abrahams, chamado *The Mission Statement Book* (O Livro da Declaração da Missão), que contém 301 missões corporativas das melhores empresas norte-americanas. Em um artigo em *Marketing Magazine*, um cavalheiro chamado Jeremy Bullmore sentou-se e contou as palavras usadas com mais frequência pelos que escrevem declarações de missão. Foi um exercício de contagem de clichês. Veja as vencedoras das 301 declarações:

serviço (230)	crescimento (118)
clientes (211)	ambiente (117)
qualidade (194)	lucro (114)
valor (183)	líder (104)
funcionários (157)	(o/a) melhor (102)

Ele também descobriu que muitas dessas 301 declarações são intercambiáveis. (Será possível que as empresas estão se baseando nas declarações de outras empresas para formular a sua?)

A Boeing escreveu sobre "um objetivo fundamental de atingir um retorno médio anual de 20% sobre os títulos dos acionistas". (Isto não é realista quando se considera o sucesso do Airbus. A Boeing deveria estar falando do negócio, e não de números.)

Mesmo o governo se envolve na declaração da missão. A Força Aérea tinha uma das melhores: "Defender os Estados Unidos por meio do controle e exploração do ar e do espaço". (Na verdade, fala de chutar o traseiro dos outros no ar.)

A CIA tinha quase 200 palavras de vocação maternal e romantismo, e nenhuma mencionava seu problema básico de detectar a verdade.

Na melhor das hipóteses, a maioria dessas declarações de missão tem pouco impacto positivo sobre o negócio de uma empresa. A Levitz Furniture tem a missão de "satisfazer as necessidades e expectativas dos clientes com produtos e serviços de qualidade". (Esta declaração de missão maravilhosa não a tirou da falência.)

Felizmente, a maioria das empresas coloca suas declarações de missão em molduras folhadas a ouro e as pendura nos saguões onde os diretores, preocupados com seus próprios compromissos, as ignoram.

Uma abordagem simples é esquecer "do que você quer ser". A direção deveria concentrar seus esforços no "que você pode ser". É muito mais produtivo.

Isso significa que você precisa colocar sua estratégia básica de negócio na declaração. Ela deveria apresentar sua ideia diferenciadora e explicar como, ao privilegiar essa ideia, você estará em condição de desbancar sua concorrência.

A declaração de missão da Boeing deveria ser sobre manter a liderança no setor de aeronave comercial, e não sobre retorno ao acionista.

E você não precisa que um comitê escreva durante semanas essa declaração. Isto deveria ser algo que o CEO e seus executivos deveriam ser capazes de escrever conjuntamente, durante uma manhã. Mantenha a declaração curta e simples.

A declaração da missão da Seagram Company derrama 10 sentenças e 198 palavras. (Você precisa de uma dose de um bom *scotch* para poder engoli-la.)

Afinal, se um CEO precisa de um comitê para definir qual é seu negócio básico, então essa empresa precisa de um novo CEO, e não de uma declaração da missão.

O último passo é não pendurar simplesmente "o que podemos fazer" na parede. Leve essa estratégia básica de negócio a todos os grupos importantes em uma empresa e veja se eles a entendem. Deixe que façam perguntas. Seja franco nas respostas.

E para mim, este é o único propósito da declaração de missão: garantir que todos na empresa a entendam. Em certo sentido você está pendurando "o óbvio" na parede.

Liderança: Um Diferenciador Poderoso

Esta é minha outra estratégia óbvia preferida. O que mais me espanta no mundo do marketing são as empresas que não exploram sua liderança. Em vez de "Amo muito tudo isso", o McDonald's poderia ser "O lugar preferido do mundo para se comer". Em vez de "Conectando pessoas", a Nokia poderia ser "A nº 1 do mundo em telefones celulares".

Liderança é a maneira mais forte de diferenciar uma marca. É esta a forma mais direta de estabelecer as credenciais de uma marca. E as credenciais são a caução para garantir o seu desempenho.

Também, quando você tem credenciais de liderança, é provável que seu cliente potencial acredite em quase tudo o que você diz sobre sua marca (porque você é o líder). Os seres humanos tendem a igualar "grandeza" a sucesso, *status* e liderança. Temos respeito e admiração pelo maior.

Líderes respeitados podem se apropriar da palavra que representa a categoria. Você pode examinar a validade de uma alegada liderança fazendo um teste de associação de palavras.

Se as palavras dadas forem computador, copiadora, chocolate e cola, as quatro palavras mais associadas são IBM, Xerox, Hershey's e Coca.

Um líder inteligente irá mais adiante para consolidar sua posição. A Heinz tem a palavra *ketchup*. Mas a Heinz foi em frente, para destacar o atributo mais importante do ketchup. "The slowest ketchup in the West" (O *ketchup* mais lento do Oeste) é a maneira de a empresa evidenciar a consistência do produto. Ter a palavra *lento* (o *ketchup* demora para "sair" por ser mais denso, consistente) ajuda a Heinz a manter uma participação de mercado de 50%.

Apesar de todos os pontos sobre o poder de ser percebido como líder, continuamos a conhecer líderes que não querem falar sobre sua liderança. Para evitar esse atributo que eles têm o direito de usar, eles respondem com frequência: "Não queremos contar vantagem".

Bem, um líder que não conta vantagem é a melhor coisa que pode acontecer à sua concorrência. Depois que você escalou até o topo da montanha, é melhor fincar sua bandeira e tirar fotos lá.

E além disso, muitas vezes você pode achar uma boa maneira de expressar sua liderança. Um de meus *slogans* preferidos de liderança faz exatamente isto: "Fidelity Investments. Onde 12 milhões de investidores depositam sua confiança". Outro é da Titleist: "A nº 1 em bolas de golfe".

Se você não der crédito à sua realização, a concorrência atrás de você encontrará um modo de alegar o que, por direito, é seu.

Se você duvida disso, considere a saga a seguir.

Durante anos, as duas grandes cervejas no Brasil foram a Antarctica e a Brahma. A Antarctica era a número um e a Brahma vinha logo atrás, em segundo lugar.

Então a Brahma começou uma campanha publicitária alegando liderança ("A cerveja número um"). Eles colocaram nos pontos de vendas cartazes de mãos com o dedo indicador simbolizando o número um. Mas aqui está a surpresa. Quando começaram isso, a Antarctica ainda era a líder, mas ninguém sabia disso porque eles não tinham fincado a bandeira da liderança.

Quando a poeira assentou, adivinhe quem passou para o primeiro lugar? Certo. A Brahma agora é a número um. A razão: quando as pessoas pensaram que não estavam bebendo a cerveja preferida, mudaram rapidamente para a Brahma, e o que começou como uma inverdade passou a ser verdade.

Moral da história: as pessoas adoram os perdedores, mas se juntam a quem está ganhando.

Mas essa história tem um final feliz porque a Antarctica e a Brahma passaram por uma fusão. Agora podem dizer que ambas são a número um.

A liderança tem várias nuances, e qualquer uma delas pode ser uma maneira efetiva de se diferenciar. Veja uma amostra rápida de diferentes formas de liderança:

- *Liderança em vendas.* A estratégia usada com mais frequência pelos líderes é ressaltar como eles vendem bem. A Toyota ainda tem o carro mais vendido na América. Mas as outras podem alegar sua liderança em vendas, usando, cuidadosamente, uma forma diferente de avaliar. A Dodge Caravan da Chrysler é a minivan mais vendida. A Ford Explorer é o utilitário esportivo mais vendido. Chevrolet é a empresa automobilística líder da América. Essa abordagem funciona porque as pessoas tendem a comprar o que as outras compram.

- *Liderança em tecnologia.* Algumas empresas com longas histórias de avanços tecnológicos podem usar essa forma de liderança como um diferencial. Na Áustria, um fabricante de fibra *rayon* chamado Lenzing não é líder de vendas, mas eles são os "líderes mundiais em tecnologia de fibra viscose". Foram pioneiros de muitos avanços no setor, aprimorando o *rayon*. A Corning é líder mundial na ciência do vidro.

- *Liderança em desempenho.* As empresas têm produtos que não vendem tanto, mas têm grande desempenho. Isso também pode ser usado como uma forma de se distinguir de seu concorrente, com um desempenho menor. O famoso Porsche 911 é um caso desses. Quando alguém encosta ao seu lado, você sabe que pode ter um desempenho melhor que qualquer um na estrada.

Liderança é uma plataforma maravilhosa que pode ser usada para contar a história de como você passou a ser a número um. Como dissemos antes, as pessoas acreditarão no que você disser se o perceberem como líder. Imaginam que você saiba mais.

O que fortalece a empresa não é o produto ou o serviço. É a posição que ele tem na mente. A força da Hertz está em sua posição de liderança, e não na qualidade de seu serviço de locação de carros. É mais fácil manter-se no topo do que chegar lá.

Você é capaz de apontar uma empresa que tenha desbancado uma líder? A Crest fez isso em matéria de creme dental, graças ao selo de aprovação da American Dental Association. (Ironicamente, a Colgate recobrou a liderança com sua pasta dental Total, que mata germes, embora recentemente esteja páreo a páreo com a Crest.) A Duracell fez isso em baterias, graças à "alcalina". A Budweiser fez isso no ramo de cervejas e a Marlboro com cigarros. Mas isso acontece raramente.

Uma pesquisa de 25 marcas líderes desde o ano de 1923 prova isso. Hoje, 21 dessas marcas ainda estão em primeiro lugar, três estão em segundo e uma está em quinto.

Nem alterações na classificação acontecem com tanta frequência. Se o marketing fosse uma corrida de cavalos, seria um negócio extremamente monótono. Nos 56 anos desde a Segunda Guerra Mundial, houve apenas uma mudança na posição das três primeiras empresas automotivas nos Estados Unidos.

Em 1950, a Ford Motor Company fez a Chrysler Corporation passar para o segundo lugar entre as automotivas americanas. Desde então, a ordem tem sido General Motors, Ford e Chrysler. Monótono, não? (Ou seja, a Toyota entrou no jogo à força.)

"Manter o lugar" em uma corrida de marketing, a tendência para as empresas ou marcas permanecerem na mesma posição ano após ano, também ressalta a importância de se garantir uma boa posição, antes de mais nada. Melhorar sua posição pode ser difícil, mas quando você consegue isso, torna-se relativamente fácil manter-se nessa nova posição.

Quando você alcança o topo, veja se o mercado sabe disso. Muitas empresas consideram sua liderança normal e nunca exploram isso. Dessa forma, deixam a porta aberta para a concorrência. Se você tiver chance, bata a porta na cara da sua concorrência.

Um Pouco Mais sobre Liderança

Ao longo dos anos, tenho tido algumas comprovações de que a liderança é um forte diferencial. Digamos que você não esteja totalmente convencido quanto ao fato de que ser o líder não é fundamental para o sucesso. Tudo bem, vamos discutir um pouco sobre esse assunto.

Em primeiro lugar, vamos começar com os números. Se você estudar categorias, descobrirá uma realidade simples, mas assustadora sobre a participação de mercado: seu lugar no mercado tende a ser geométrico. Se o líder tiver 40 % de participação, a marca nº 2 em geral terá a metade disso, uma participação de 20%. A nº 3 terá novamente a metade, ou 10% e a nº 4 terá uma participação de 5%. Pode acreditar, ao longo do tempo esses números são muito exatos. Tudo isso significa que a nº 1 é maravilhosa, a nº 2 pode ser excelente, a nº 3 está ameaçada e a nº 4 pode ser fatal.

Jack Welch, da General Electric, ganhou reputação com base nesse princípio. Ele dizia aos funcionários: "Quero ser a nº 1 ou a nº 2. Se não for, venderei o negócio". O que ele reconhecia é o que eu chamo de "A Lei da Dualidade". A maioria dos mercados, com o tempo, torna-se uma disputa entre dois cavalos. (Falaremos mais sobre o assunto no Capítulo 8, "A Lei da Dualidade".)

O resultado apoia o que sempre dissemos: "É melhor ser o primeiro do que ser o melhor".

Agora, vamos continuar a explicar por que a liderança é uma mensagem forte de comunicações. Como eu escrevi em *New Positioning* (minha sequela de 1996 ao *Positioning*), a mente humana tende a ficar insegura quando se trata de fazer compras. Os psicólogos têm descrito cinco riscos básicos que aparecem, dependendo do que se está comprando. São eles:

1. *Risco monetário.* Vale o dinheiro que será gasto?
2. *Risco funcional.* Funcionará como prometido?
3. *Risco físico.* Seu uso é seguro?
4. *Risco social.* Como meus amigos e vizinhos me olharão se eu comprar isto?
5. *Risco psicológico.* Como eu me sentirei por comprar este produto?

Em outras palavras, para a maioria, comprar pode ser um negócio arriscado. É por isso que a maior parte das pessoas não sabe o que quer. Quase todas as pessoas compram o que acham que deveriam comprar. Com base nessa premissa, outro psicólogo desenvolveu uma teoria que pode ser descrita como "seguir a manada". Segundo ele: "determinamos o que é correto descobrindo o que os outros acham correto. Consideramos um comportamento correto em uma dada situação na medida em que vemos o desempenho dos outros".

É por isso que a liderança como conceito é uma ideia de comunicação forte. Ela diz às pessoas o que os outros estão comprando, o que as deixa à vontade para comprar. Também é por isso que o boca-a-boca é um motivador importante, porque estão lhe dizendo por que compraram um determinado produto.

Quer um exemplo do efeito "manada"? Considere a loucura do SUV em anos recentes. Você não conseguia assistir à TV sem ver um desses veículos entrando em uma mata, atravessando o deserto ou as geleiras. Quantos desses veículos realmente saem de uma autopista? Menos de 10%. Pergunte a uma pessoa se vai dirigir o veículo no meio do mato e ela lhe dirá: "O quê, estragar meu carro de 40.000 dólares?". Quando você pergunta por que ela comprou o carro, provavelmente a resposta seja: "Ah, nunca se sabe, eu posso pegar um caminho de terra um dia". Quer saber a verdadeira razão? Elas compram porque todo mundo comprou.

O mesmo se poderia dizer da atual loucura do MP3. É difícil não comprar um iPod depois de você ter visto 20 ou 30 pessoas andarem com aquelas coisas plugadas nas orelhas. (O que elas estão ouvindo que eu estou perdendo?)

Finalmente, a liderança pode ser expressa de várias maneiras e você não precisa martelar na cabeça das pessoas sobre seu *status* de n° 1. Muitos anos atrás, o fabricante de Cadillac inventou um modo excelente de expressar sua liderança (naquela época). O *slogan* deles era: "A líder deve fazer mais. Nada mais justo".

A Nike poderia salientar sua liderança simplesmente afirmando o óbvio: "Usado pelos melhores atletas do mundo". (A Nike deveria saber disso desde que contratou os melhores atletas.)

Há momentos em que os clientes entendem claramente sua liderança, por isso ela não precisa ser mencionada. Como ressaltei, a Quiksilver, líder dominante e muito procurada em pranchas de surfe e skates, provavelmente deveria resguardar seu lugar e domínio. Quando perguntaram ao fundador da empresa por que não ampliava a distribuição, ele disse: "Ser grande é tornar-se inimigo de ser legal". (Infelizmente, agora eles começaram a fabricar roupa jovem feminina. Não é uma mudança legal.)

Logo, lá vai você. Se você quer usar um *slogan* sem sentido em vez de declarar sua liderança, sinta-se à vontade. Ou se você achar que encontrará a felicidade sendo um perdedor, só posso lhe desejar boa sorte.

O Que se Toma Emprestado É Mais Simples

Tirei uma boa ideia recentemente de um livro intitulado *Blue Ocean Strategy*. A ideia básica desse livro é perseguir e criar novos produtos e serviços (oceanos azuis) em vez de competir acirradamente com concorrentes estabelecidos em categorias existentes (oceanos vermelhos). É um livro excelente.

Esta é, sem dúvida, uma maneira inteligente de agir. De fato, pregamos esse conceito há anos. Em meu livro *Positioning*, de 1981, você encontrará: "É melhor ser o primeiro que o melhor", e no livro *Marketing Warfare*, de 1985, você lerá: "Deslocar-se para áreas não disputadas, durante uma guerra, evita os concorrentes estabelecidos".

Os autores se apoiam em ideias antigas e tiram proveito delas? Certamente. Eles seguiram o conselho de Thomas Edison quando ele disse: "Sua ideia só precisa ser original na forma como será adaptada ao problema em que você está trabalhando atualmente".

A maneira mais simples de resolver um problema é usar a ideia dos outros. Designers militares se basearam na arte de Picasso para criar melhores padrões de camuflagem para os tanques.

A maneira mais simples de inventar um produto novo é adaptar uma ideia existente. Perguntaram ao compositor e cantor pop Paul Simon onde ele se inspirou para compor "Bridge Over Troubled Water". Ele disse que estava com duas melodias na cabeça — um coral de Bach e uma melodia gospel de Swan Silvertoner — "e juntei os dois". Uma resposta honesta, sem dúvida.

O Museu de Paleontologia da Universidade da Califórnia em Berkeley promoveu a venda de partes do corpo de um dinossauro. O museu pediu aos contribuintes para comprarem partes de um *Tyrannosaurus rex* que precisava ser montado. Os nomes dos doadores apareceriam em uma placa no museu. Os preços variavam de 20 dólares para um osso da cauda a 5.000 dólares para o crânio e as mandíbulas. (Caso você pense em colaborar, o esqueleto do T-rex tem 300 peças, em média.)

A iniciativa foi um sucesso enorme. As pessoas compraram partes do dinossauro em nome de seus filhos. As escolas de educação fundamental fizeram vendas de bolos para comprar um osso.

E de onde veio essa ideia? Foi tomada emprestada. A iniciativa de captar recursos se parece à venda de cadeiras individuais de um teatro aos benfeitores.

Você pode aumentar suas chances de resolver um problema tornando-se um colecionador. Quando você encontra um excelente conceito ou uma estratégia inteligente, guarde-o. Comece um diário, um arquivo de recortes e um arquivo de computador. Deixe um bloco de anotações ao lado da cama, um gravador no carro.

Quando você está tentando encontrar uma solução para alguma coisa, procure em sua coleção. Então use o seguinte plano para aproveitar ao máximo uma ideia existente. (O plano em si é adaptado de uma lista de verificação feita por Alex Osborn, autor de *Applied Imagination*.)

1. *Substitua.* O que você substituiria na abordagem, materiais, ingredientes ou aparência? *Sugar Pops* mudou para *Corn Pops*, um cereal mais nutritivo. *Romeu e Julieta* transformou-se em *West Side Story* (Uma história de amor).

2. *Combine.* O que você poderia mesclar com uma ideia existente? Que ingredientes, cores, sabores?

3. *Adapte.* Essa ideia se parece com o que mais? O que você poderia copiar? A Sony adaptou seu conceito de Walkman no Watchman TV e Discman CD. (Isto tem sido chamado de "evolução gerenciada" de um produto ou processo.) Infelizmente, eles perderam uma versão digital do Walkman que era o iPod. Grande erro.

4. *Amplie ou minimize.* E se você acrescentasse, alongasse, reforçasse ou subtraísse? Quando veículos utilitários esportivos esta-

vam vendendo rapidamente, a Ford saiu com uma Expedition ainda maior e o Lincoln Navigator. A GM lançou o Hummer. (Infelizmente, a festa das SUV acabou.)

5. *Encontre outros usos.* De que outras maneiras você poderia usar o que já tem? A Arm & Hammer transformou o bicarbonato de sódio em desodorizante para geladeiras, desodorante para o corpo e um ingrediente para pasta dental. A população de Coatesville, Pensilvânia, transformou um antigo hospital desativado em um abrigo para pessoas sem moradia e em apartamentos para idosos com baixa renda.

6. *Elimine.* De que você poderia se livrar? A Saturn empenhou-se em eliminar o medo e a antipatia dos vendedores em um processo de compra de carros. O Cirque Du Soleil eliminou as barracas, animais e palhaços do circo e tornou-se o sucesso com que Barnum & Bailey só poderia sonhar.

7. *Inverta ou reorganize.* O que você poderia transpor ou ver ao contrário? Inverta a física de um termostato para temperaturas frias e terá um termostato para o calor.

8. *Mude o público.* Existe um segmento que esteja sendo ignorado para quem você pode recomendar seu produto? A Curves concentrou-se em fazer instalações para mulheres e ignorou os homens. A Lowe's também concentrou-se em lojas de materiais de construção para mulheres e afastou-se daqueles empreiteiros machistas. Grande sucesso em ambos os casos.

Dale Carnegie, do conhecido *Como Fazer Amigos e Influenciar Pessoas*, foi famoso por sua capacidade de tomar ideias emprestadas. Certa vez, ele escreveu: "As ideias que eu defendo não são minhas. Eu as tomei emprestadas de Sócrates. Eu as tomei de Chesterfield. Eu as roubei de Jesus. E coloquei-as em um livro. Se as regras ditadas por eles não lhe agradam, você usaria as ideias de quem?"

Muitas vezes, há ideias emprestadas flutuando naqueles Oceanos Azuis.

Lidando com um Mundo em Mudança

Não faz muito tempo, um artigo chamou minha atenção. O título era "A Kodak Tem Sucesso em Filmes e Digitais". Discutia detalhadamente como os analistas começaram a questionar que futuro a empresa que foi sinônimo de filme e fotos teria no mercado de produtos fotográficos vendidos ao consumidor. Vale a pena escrever sobre esse problema porque ele é um exemplo do que pode acontecer com marcas ainda maiores em um período de mudança. Mas para aprender, você deve estudar história.

Como a At&T e a GM, a Kodak é um ícone do setor que está tendo dificuldade para lidar com a concorrência e a nova tecnologia. Devido à sua longa história de sucesso, eles puseram uma fé extraordinária em seu nome e logotipo. Eles poderiam fazer o que quisessem.

Um erro fundamental que empresas grandes, de sucesso, costumam cometer é acharem que têm uma reputação muito melhor e acima do que a maneira como o mundo se dispõe a vê-las. O sentimento corporativo é: "Eu só preciso colocar meu nome conhecido no produto e o mundo o comprará".

Não comprará. Principalmente se você estiver interferindo na especialidade de alguém. E além disso, o mundo também adora uma alternativa. Por isso, se você é o único na área, aproveite enquanto pode, porque assim que uma alternativa atraente aparecer, você perderá alguns negócios.

Durante a década de 1870, George Eastman, um jovem bancário em Rochester, Nova York, interessou-se avidamente por fotografia. Mas o equipamento fotográfico, com uma placa úmida, era grande e difícil de manejar, e as pessoas não podiam levar uma câmera quando viajavam. Um fotógrafo viajava com um equipamento fotográfico do qual a câmera era apenas uma parte. Depois de muito trabalho na pia de sua mãe, Eastman inventou placas secas e papel revestido com gelatina, o "filme", que seria usado com sua nova máquina patenteada. Foi possível construir câmeras pequenas e pelo menos as pessoas podiam levar câmeras fáceis de usar para toda parte.

O nome da marca, Kodak, foi outra invenção da Eastman. "K" era a letra preferida de Eastman. Ele também gostou do nome por ser curto, fácil de pronunciar e não se parecia a nenhum outro nome de marca no setor. Era e é um nome brilhante.

Ele acrescentou aquele nome excelente a uma frase de posicionamento brilhante para sua propaganda:

Câmeras Kodak.
Você pressiona o botão.
Nós fazemos o resto.

O resto já se sabe: a fotografia tornou-se um setor gigantesco e aquela caixinha amarela de filme foi seu símbolo visual. Tudo ia muito bem até que, adivinhe, apareceu uma alternativa muito forte.

No final da década de 1970, o iene japonês fraco permitiu que um concorrente muito forte ganhasse vantagem no mercado norte-americano. A Fuji Photo entrou na briga com uma caixinha verde de filme que desafiou o domínio da Kodak no mercado de papel fotográfico. Ao oferecer um produto de qualidade similar a um preço bem mais baixo, a Fuji começou a captar uma parte substancial do mercado norte-americano durante os anos de 1980 e 1990. Em 1996, a Kodak tinha uma participação de mercado de 80% contra 10% da Fuji. Em 2000, a participação da Kodak foi estimada em 65% contra 25% da Fuji.

A lição que a Kodak não aprendeu aqui foi que os líderes precisam bloquear. A Kodak demorou demais para reduzir acentuadamente seus preços a fim de confrontar as mudanças agressivas de preços da Fuji. A regra competitiva é que você precisa sempre ficar na faixa certa de preços. Mesmo a elogiada marca Marlboro descobriu isso quando reduziram radicalmente seu preço para enfrentar cigarros de baixo preço. (O preço das ações da empresa também caiu acentuadamente.)

Ao relutar e permitir um grande diferencial de preço, a Kodak estimulou as pessoas a descobrirem que as fotos com filme Fuji eram tão boas quanto aquelas tiradas com filmes Kodak. E quando, em 1984, a Kodak perdeu o título de "filme oficial das Olimpíadas de Verão de 1984" para a Fuji, consolidou a percepção de que a Fuji era uma alternativa legítima e não apenas uma marca de baixo preço.

O verde veio para ficar como alternativa ao amarelo.

Ter de lidar com a Fuji era uma coisa, mas ter de lidar com a chegada das fotos digitais poderia ser a última prova de sobrevivência da Kodak. Para ter mais cem anos de existência, eles provavelmente terão que adotar tecnologias mais novas de imagem digital que estarão muito distantes da pia da mãe de Eastman. A Kodak enfrenta uma concorrência cruel de empresas norte-americanas e japonesas como Hewlett-Packard, Sony e Canon, que estão habituadas ao acelerado ritmo de mudanças em tecnologia digital. Muitos acreditam que as chances de a Kodak ter lucro com a fabricação de máquinas digitais são magras. A maioria dos analistas acha que a Kodak não conseguirá se reinventar e ficar entre as maiores corporações digitais dos Estados Unidos.

Concordo com isso, principalmente se você estiver falando da marca Kodak.

Como escrevo com frequência, se você é conhecido por alguma coisa, o mercado não lhe dará outra. A Kodak significa "filme" na mente do mercado, e não "câmera". A Nikon, que é uma câmera em nossas mentes, tem mais chance de sucesso com câmeras digitais (a forma mais recente de câmera).

Se você vê a nova câmera como "eletrônica", a Canon, a Sony e a Hewlett-Packard têm mais chance de serem grandes nos sistemas de foto digital.

Uma vez que cada segmento emergente de mercado tem seu líder, a Kodak, líder em tecnologia filmográfica, tem pouca chance de se tornar líder no segmento de tecnologia fotográfica digital, uma vez que a categoria está se desenvolvendo e ganhando força.

A melhor chance da Kodak teria sido comprar ou lançar uma nova marca nessa arena, anos atrás. Ironicamente, um cientista na Kodak foi realmente quem inventou a fotografia digital. Essa invenção deveria ter sido cultivada, apesar de seu potencial para minar o negócio de filmes. É melhor atacar a si próprio que ser alvo de ataque de um concorrente.

A marca Kodak seria reservada para filmes. A nova marca ou empresa não teria ligação com a Kodak e seria administrada independentemente. A sede da Kodak seria em Rochester, Nova York. A nova empresa teria sede o mais longe possível, em algum lugar no Vale do Silício.

Esse tipo de mudança teria sido difícil para a Kodak engolir, uma vez que atacava seu bem mais precioso. Mas se eles continuarem a tentar transformar sua marca de filmes com 100 anos de existência em uma marca que não seja ligada a filmes, o futuro não pode ser visto com muita nitidez.

O Grande É o Inimigo do Óbvio

Apareceram dois artigos sobre conglomerados que pareciam um *déjà vu*. O primeiro era sobre a insatisfação da General Electric com o preço de suas ações e o fato de que seu negócio de plásticos seria leiloado. O outro artigo era sobre problemas no preço das ações do Citigroup, pois eles estavam com um desempenho bem inferior ao da Goldman Sachs e da JPMorgan Chase.

O artigo sobre o Citigroup questionava o modelo de conglomerado e apontava para a perda do talento necessário para se dirigir os diferentes tipos de negócio montados por Sandy Weill: financiamento global ao consumidor, assistência médico-hospitalar, banco de investimento e empréstimo corporativo.

Alguns anos atrás, escrevi um livro intitulado *Big Brands. Big Trouble* (Grandes Marcas. Grandes Problemas). O título do Capítulo 1 era "Quanto Maior, Mais Difícil de Gerenciar".

Quando se começa a estudar o crescimento de empresas, pode-se encontrar uma quantidade assustadora de pesquisas e análises que questionam seriamente a afirmação de que ser maior é ser melhor. Quando eu terminei, comecei a pensar o que esses CEOs estavam pensando quando se deixaram levar pela mania de fusões.

Em um estudo detalhado, dois economistas produziram uma análise de 400 páginas que confronta o mito quintessencial da cultura corporativa: que os gigantes industriais em uma grandeza organizacional estão a serviço da eficiência econômica. Em um livro de 1986 intitulado *The Bigness Complex* (O Complexo de Grandeza), eles alegam que a preocupação com a grandeza é a essência do declínio econômico dos Estados Unidos.

Um olhar em retrospectiva mostra que a referência que eles fizeram ao nosso "declínio econômico" foi inadequada. Ocorreu exatamente o oposto, à medida que entramos num processo surpreendente de expansão econômica. Eles também desconsideraram que essas grandes empresas têm desmoronado e que não precisamos de políticas públicas para impedir o acontecimento de coisas ruins relacionadas à grandeza. E eles desconsideraram o fato da explosão da pequena empresa em alta tecnologia que ajudou a impulsionar nossa expansão.

Depois de uma quantidade intensa de pesquisas realizadas e observadas, os autores concluíram que a grandeza conglomerada raramente aumenta, e mais tipicamente afeta a eficiência na produção.

Não é de admirar que os negócios grandes estejam substituindo complexos imensos de manufatura por novas fábricas, menores. As empresas descobriram que seus funcionários não conseguem resolver os problemas criados pelo tamanho e a complexidade.

Os economistas tocam nas dificuldades de organizar grandes empresas, mas para mim, a melhor análise sobre o gerenciamento de tamanho veio de um antropólogo inglês chamado Robin Dunbar. Em um livro excelente intitulado *The Tipping Point*, Malcolm Gladwell nos introduz a Dunbar, cujo trabalho girou em torno do que ele chamou de capacidade social: qual o tamanho de um grupo que somos capazes de gerenciar com tranquilidade. A observação dele é que os seres humanos se socializam nos maiores grupos de primatas porque somos o único animal com cérebro suficientemente grande para lidar com as complexidades desse arranjo social. A observação dele foi que 150 parece ser o número de pessoas que podem se relacionar socialmente, sabendo quem são elas e como elas se relacionam conosco.

Gladwell extraiu do trabalho de Dunbar a seguinte observação que toca no cerne da questão relativa a ser grande demais:

> Com um tamanho, maior você precisa impor hierarquias, regras, regulamentação e medidas formais complicadas para tentar comandar a lealdade e a coesão. Mas abaixo de 150 pessoas, alega Dunbar, é possível atingir esses mesmos objetivos informalmente: "Com esse tamanho, as ordens podem ser implementadas e o comportamento que fugir à regra pode ser controlado com base na lealdade pessoal e no contato homem a homem. Com grupos maiores, isso se torna impossível". (p. 180)

Arriscar tornar-se grande por meio de fusão também pode ser um grande problema.

Na virada do século vinte, um grande número de gigantes corporativos foi criado: a General Electric (uma combinação de 8 empresas controlando 90% do mercado); a Du Pont (64 empresas controlando 70%); a Nabisco (27 empresas, 70%); Otis Elevator (6 empresas, 65%); International Paper (24 empresas, 60%).

Mas foram-se os velhos tempos. Os últimos 30 anos estão repletos de fracassos: os conglomerados da década de 70 repetidamente não geraram os lucros prometidos e as aquisições da década de 1980 reduziram com frequência a eficiência e atolaram as empresas em dívidas maiores do que elas podiam saldar. E realizar a fusão de corporações distintas às vezes leva mais tempo do que o esperado, o que só causa ansiedade aos nossos amigos de Wall Street. Eles chamam isso de conflito de culturas corporativas.

Quero terminar com uma história pessoal sobre o "grande". Muitos anos atrás comecei minha carreira de marketing na General Electric. Um de meus primeiros problemas de marketing foi tentar lançar a "turnkey power plant". O conceito era vender a usina elétrica completa para o serviço de fornecimento de eletricidade, visto que só a GE fabricava todos os componentes. Isso nunca decolou. O fornecedor de energia elétrica queria montar as peças independentemente e selecionar os componentes que considerava os melhores.

Em seguida foi a "cozinha GE". A estratégia era oferecer às donas de casa todos os aparelhos necessários, uma vez que a GE sozinha fabricava todos eles. Mas a dona de casa queria montar a cozinha sozinha e escolher os aparelhos que ela considerava os melhores.

Duas lições aprendidas.

Ambas as lições apontaram para o problema subjacente de ser grande demais. Seus clientes não ficarão impressionados. Eles querem o melhor da raça e tudo para todos não é um bom argumento. De fato, é o oposto. O bom senso diz aos clientes que você não pode ser o melhor em tudo.

Fim de jogo, grandalhões.

Principais Erros de Marketing

No mundo de hoje, há tanta concorrência que, se você comete um erro, seus concorrentes tomarão seu negócio rapidamente. As chances de consegui-lo de volta são bem pequenas, a não ser que alguém cometa um erro. Esperar que os concorrentes errem é como participar de uma corrida esperando que os outros corredores caiam: isso simplesmente não acontece com tanta frequência.

Veja as gafes óbvias mais comuns no mundo extremamente competitivo de hoje:

- *Eu também.* Muitas pessoas acreditam que a questão básica no marketing é convencer os clientes potenciais de que você tem um produto ou serviço melhor. Eles dizem para si mesmos: "Podemos não ser os primeiros, mas vamos ser os melhores". Isso pode ser verdade, mas se você estiver atrasado e tiver que lutar contra concorrentes grandes e bem-estabelecidos, então sua estratégia de marketing provavelmente será falha. Imitar os outros não vai funcionar.
- *O que você está vendendo?* Isso pode surpreendê-lo, mas tenho dedicado boa parte de meu tempo ao longo dos anos para tentar descobrir exatamente o que as pessoas estão tentando vender. Em outras palavras, tentar captar a categoria de uma maneira simples, fácil de entender. As empresas, grandes e pequenas, têm muita dificuldade para descrever seu produto, principalmente se for uma nova categoria e uma nova tecnologia. Seus maiores sucessos de marketing vêm com explicações simples, mas convincentes, do que você está oferecendo. Não seja insolente nem complexo.
- *A verdade vencerá.* Não entender que o marketing é uma guerra de percepções é uma verdade simples que viaja por milhares de pessoas que gostariam de se tornar empreendedoras, todos os anos. Profissionais de marketing estão preocupados em fazer pesquisa e "obter fatos". Eles analisam a situação para garantir que a verdade esteja ao lado deles.

  Então, transitam confiantes na arena do marketing, seguros no conhecimento de que têm o melhor produto e, no final, o melhor produto vencerá. Isso é ilusão.
- *A ideia de outra pessoa.* É bem ruim lançar uma imitação, mas igualmente problemático é imitar uma ideia. A razão é que duas empresas não têm o mesmo conceito na mente do cliente potencial. Quando um concorrente tem uma palavra ou posição na mente do cliente potencial, é bobagem tentar ter a mesma palavra. A Toyota elegeu o conceito da "confiabilidade". Muitas outras indústrias automotivas, inclusive a Mercedes-Benz e

a General Motors, tentaram veicular campanhas de marketing com base na confiabilidade. No entanto, ninguém, exceto a Toyota, conseguiu entrar na mente do cliente potencial com uma mensagem de confiabilidade.

- *Temos muito sucesso.* Como escrevi antes, o sucesso costuma gerar arrogância, e a arrogância, o fracasso. Quando as pessoas têm sucesso, tendem a se tornar menos objetivas. Com frequência, elas substituem seu próprio julgamento sobre o que o mercado quer.

  Ao terem um sucesso ainda maior, empresas como General Motors, Sears e IBM tornaram-se arrogantes. Acharam que poderiam fazer qualquer coisa que quisessem no mercado. O sucesso causa problemas.

- *Tudo para todos.* Quando você tenta ser tudo para todos, inevitavelmente acaba tendo problemas. Melhor conselho vem de um gerente que disse: "Eu prefiro ser forte em alguma coisa a ser fraco em todas as coisas". Esse tipo pensamento que abarca "todas as coisas" leva ao que chamamos de "extensão de linha", ou a tentar usar uma marca de sucesso para significar mais do que ela pode na mente do consumidor. É um erro muito comum.

- *Viver baseado nos números.* Grandes empresas ficam num impasse. Por um lado, Wall Street lhes pergunta: "Quanto suas vendas e lucros crescerão no próximo mês, trimestre, ano?". Por outro lado, há um número infindável de concorrentes dizendo: "Não vamos deixá-lo crescer, se pudermos".

  Então, o que acontece? O CEO mente para Wall Street, vira para os profissionais de marketing e diz a eles o que é esperado em termos de lucro e crescimento. Eles, por sua vez, voltam para suas salas e tentam imaginar como alcançar aqueles números nada razoáveis. Previsões apressadas sobre o aumento do lucro levam frequentemente a metas não atingidas, ações arruinadas e até mesmo a contabilidade maquiada. Mas pior que isso, leva a más decisões.

  Quando o pânico se instala, o que acontece com frequência é que eles caem na armadilha da extensão de linha, ou do tudo para todos. Em vez de se concentrarem em ser fortes em alguma coisa, para aumentarem os números, eles optam por ser fracos em tudo. A única esperança é que eles sejam promovidos antes de tudo isso ser lançado no ventilador.

- *Não atacar a si mesmo.* Muito se tem escrito sobre empresas como a DEC, Xerox, AT&T e a Kodak, e seus esforços para se mover de negócios de crescimento lento para outros que crescem bastante. Quando isso é exacerbado, as empresas enfrentam o que tem sido chamado *tecnologias destrutivas.* A DEC enfrentando a revolução do computador de mesa. A Xerox enfrentando o surto de impressoras a *laser* e a Kodak enfrentando a câmera digital.

Embora seja difícil, um líder não tem escolha. Deve encontrar uma forma de mudar para aquela ideia ou tecnologia melhor, mesmo que isso ameace seu negócio básico. Se não fizer isso, seu futuro será colocado em dúvida. Especialmente à medida que essa tecnologia for aprimorada e ganhar força. O truque é como fazer isso.

CAPÍTULO
8

Atenção a Algumas Regras Óbvias Básicas

Em outro livro, escrevi sobre as leis do marketing. Várias delas são muito importantes na busca pelo óbvio. Se quiser correr o risco, ignore-as.

Lei do Ouvido

Sua estratégia óbvia precisa soar bem, para explodir na mente das pessoas.

Alguém já lhe perguntou o que é mais forte, olhar ou ouvir? Provavelmente não, porque a resposta é óbvia. Aposto que no fundo você acredita que olhar seja mais forte que ouvir. Pode chamar isso de chauvinismo visual se quiser, mas é uma ideia preconcebida, mantida pelos profissionais de marketing.

Vou apostar também que você tem um pressuposto relacionado, expresso pela primeira vez 500 anos antes do nascimento de Cristo. Confúcio disse: "Uma imagem vale mil palavras".

Essas cinco palavras — atenção, não são *imagens*, mas *palavras* — perduraram por 2.500 anos. E, do jeito que as coisas andam ultimamente, parece que essas palavras nunca vão morrer. Qual o presidente de agência, diretor de criação ou de arte que não citou Confúcio pelo menos uma vez em sua carreira?

Depois de analisar centenas de anúncios eficientes de posicionamento, chegamos a uma conclusão surpreendente: eles eram todos verbais. Não havia um único conceito de posicionamento que fosse exclusivamente visual. Confúcio poderia estar errado? Concluímos que a mente funciona pelo ouvido, e não pela visão. Uma imagem *não* vale mil palavras.

Se você olhasse apenas as imagens em quase todas as revistas ou jornais, aprenderia muito pouco. Se lesse apenas as palavras, no entanto, teria uma boa ideia do que foi dito.

Apesar das evidências à nossa volta, os profissionais da comunicação sofrem de "palavrafobia", um medo mórbido das palavras. A fim de fazer um registro correto, tentamos descobrir exatamente o que Confúcio disse. Traduzimos os ideogramas chineses. Confúcio disse: "Uma imagem vale mil barras de ouro". Não *palavras*, mas *ouro*!

Imediatamente percebi que se tratava de um verdadeiro profeta. O que Confúcio previu foi a televisão e o cinema, onde uma imagem realmente é vendida por mil barras de ouro. Cara, incrível! E durante todos esses anos, pensei que ele estivesse desprezando as *palavras*!

Mas o que vale uma imagem na televisão? Ou seja, apenas a imagem, sem o som?

Não muito. De fato, sem as palavras ou ilustrações na tela, as imagens em um comercial de TV praticamente não têm valor de comunicação. Mas acrescente o som (palavras) e a "imagem" muda.

Se as imagens isoladas não fazem sentido, o que dizer do som? Por estranho que possa parecer, o som em um comercial de televisão em geral não transmite uma mensagem fácil de entender. A maioria das propagandas clássicas impressas ilustra o mesmo princípio. O visual sozinho quase não faz sentido. Naturalmente, uma propaganda impressa com imagem e palavras é mais efetiva que só com palavras ou imagem. Mas o que é mais forte separadamente, o verbal ou o visual?

Veja o clássico comercial de rádio *Pepsi-Cola hits the spot*, que foi veiculado pela primeira vez há 60 anos. Nada, absolutamente nada foi para a mente por meio da visão. No entanto, o comercial acertou em cheio. Até hoje há quem se lembre de trechos da música da Pepsi e seja capaz de recitar o *jingle*, palavra por palavra. Cinquenta e seis anos depois!

Isso é interessante. Uma ideia profundamente inserida na mente que não passou pela visão. Parece haver algo errado com a sabedoria convencional quanto à superioridade da visão.

Para obter um ponto de vista mais objetivo sobre o assunto, procuramos uma especialista, autora de respeitado livro sobre memória. A Dra. Elizabeth Loftus, da Universidade de Washington, é psicóloga, professora, pesquisadora e autora de mais de oito livros e 100 artigos sobre a mente humana e seu funcionamento. Quando lhe perguntei o que prevalecia, olhar ou ouvir, veja o que ela respondeu:

> Em muitos sentidos, ouvir prevalece. O que eu quero dizer com isso é que há evidências provenientes de estudos de laboratório controlados mostrando que quando se apresenta uma lista de palavras às pessoas, e você as apresenta falando ou gravadas, ou as apresenta visualmente, digamos, em *slides*, as pessoas se lembram mais das palavras quando as ouvem do que quando as veem.

Em *Posicionamento: A Batalha por sua Mente*, dissemos: "O nome é o gancho que pendura a marca na escada de produtos, na mente do cliente potencial". Agora sabemos *por quê*. Aparentemente, pensar envolve a manipulação de sons dentro do cérebro — mesmo quando o estímulo é puramente visual, como no caso das palavras impressas.

Shakespeare estava errado: uma rosa, chamada por qualquer outro nome, não teria um perfume tão doce. Não só você vê o que quer ver, mas também cheira o que quer cheirar. É por isso que a decisão mais importante no marketing de um perfume é o nome que você decide colocar na marca.

O perfume "Alfred" venderia tão bem quanto "Charlie"? Duvidamos. E Hog Island, no Caribe, não saiu do lugar até que mudaram seu nome para Ilha do Paraíso.

"Língua e escrita", disse Ferdinand de Saussure, famoso linguista belga, "são dois sistemas distintos de signos. O segundo existe com o único propósito de representar o primeiro". Tradução: a impressão é um meio secundário que existe como representação do som, que é um meio primário.

As implicações dessas conclusões para a propaganda são espantosas. Em muitos sentidos, exigem uma reorientação total do ponto de vista visual para o verbal. Isto não quer dizer que o visual não desempenhe um papel importante. Evidentemente que sim. Mas o verbal deveria ser o condutor, enquanto as imagens reforçam as palavras. Com muita frequência ocorre o oposto.

Para começar, as palavras impressas deveriam transmitir a mensagem de venda. Um palavreado atraente ou confuso não leva a nada, só causa problemas.

Em segundo lugar, as chamadas devem *soar* bem, além de parecer bem. A rima ou o ritmo das palavras podem ser recursos eficientes da memória.

Finalmente, as imagens precisam de uma explicação muito rápida; caso contrário, elas distrairão os leitores. "Deter" as pessoas não levará a muita coisa se elas olharem, mas não lerem.

Em um comercial de televisão, a fala deveria transmitir a mensagem de vendas. O mais importante, você nunca deveria deixar imagens e movimentos superarem o som. Quando isso acontece, os espectadores param de ouvir e ocorre pouca comunicação.

Esse *fator de distração* explica por que tantos comerciais tendem a ser mal identificados pelo público. Também explica por que a abordagem tão criticada da Procter & Gamble, de retratar uma cena da vida cotidiana, funciona tão bem. O formato é forte verbalmente e raramente contém qualquer distração visual. As pessoas não adoram esses comerciais, mas se *lembram* deles.

Lei da Divisão

Pela primeira vez em décadas, o volume de vendas de refrigerantes está estagnado ou em queda. A demanda de consumo de água mineral, bebidas esportivas e energéticas está explodindo e contribuindo para a queda das vendas. Até o leite tem sido preferido ao refrigerante.

O que está acontecendo aqui? Bem, a Lei da Divisão está atacando de novo. Para aqueles que não leram sobre a Décima Lei Imutável em meu livro *As 22 Leis Imutáveis*, ela diz: *Ao longo do tempo, uma categoria se dividirá em duas ou mais categorias.*

Como uma ameba que se divide em uma placa de Petri, o marketing pode ser visto como um mar de categorias em contínua expansão.

Uma categoria começa como uma entidade única — computadores, por exemplo. Mas com o tempo, ela se divide em outros segmentos — *mainframes*, minicomputadores, estações de trabalho, computadores pessoais, *laptops, notebooks, palmtops.*

Como o computador, o automóvel iniciou como uma categoria única. Três marcas (Chevrolet, Ford e Plymouth) dominaram o mercado. Então a categoria se dividiu. Hoje, temos carros de luxo, carros com preços moderados e carros baratos; grandes, intermediários e compactos; esportivos, com tração nas quatro rodas, de passeio e minivans.

No setor de televisão, a ABC, a CBS e a NBC já responderam por 90% da audiência. Agora temos televisão pública, paga, a cabo, independente e em rede, e em breve teremos televisão *on-line*.

A cerveja começou da mesma forma. Hoje, temos cerveja importada e nacional; *premium* e popular; leve, *draft* e seca; e até mesmo sem álcool.

A Lei da Divisão afeta até os países. (Veja a confusão na Iugoslávia.) Em 1776, havia cerca de 35 impérios, reinos e países no mundo. Por volta da Segunda Guerra Mundial, o número tinha dobrado. Em 1970, havia mais de 130 países. Hoje, em geral são reconhecidos cerca de 200 países como nações soberanas. (Da última vez que eu contei.)

Cada segmento é uma entidade distinta, separada. Cada segmento tem sua própria razão para existir. E cada um tem seu líder, que raramente é o mesmo da categoria original.

Em vez de entender esse conceito de divisão, muitos líderes corporativos mantêm a crença ingênua de que as categorias estão se combinando. *Convergência, sinergia* e *aliança corporativa* são as palavras mais proferidas nas salas de diretoria das empresas norte-americanas. Alguns anos atrás, o *New York Times* escreveu que a IBM estava pronta para "tirar vantagem da convergência que virá de setores inteiros, incluindo televisão, música, publicação e computação".

Isso não aconteceu. As categorias estão se dividindo, e não se combinando.

Veja também a elogiada categoria chamada "serviços financeiros". No futuro, de acordo com a imprensa, não teremos bancos, companhias de seguro, corretoras de valores ou agências de empréstimos hipotecários. Teremos empresas de serviços financeiros. Isso nunca aconteceu.

A maneira de o líder manter seu domínio é tratar cada categoria emergente com um nome diferente de marca, como a General Motors fez no início com Chevrolet, Pontiac, Oldsmobile, Buick e Cadillac.

As empresas cometem um erro quando tentam pegar um nome de marca conhecido em uma categoria e usá-lo em outra. Um exemplo clássico é o fato ocorrido com a Volkswagen, empresa que lançou a categoria de carros pequenos na América. Seu fusca foi um vencedor que captou 67% do mercado de carros importados nos Estados Unidos.

A Volkswagen teve tanto sucesso que começou a pensar que poderia ser como a General Motors e vender carros maiores, mais rápidos e mais esportivos. Então pegou todos os modelos que estava fabricando na Alemanha e despachou-os para os Estados Unidos. Mas ao contrário da General Motors, usou o mesmo nome de marca, Volkswagen, para todos os seus modelos. Não é preciso dizer que a única coisa que continuou vendendo foi o "pequeno", o fusca.

Bem, a Volkswagen encontrou uma forma de acertar isso. Parou de vender o fusca nos Estados Unidos e começou a vender uma nova família de carros grandes, rápidos e caros. Então havia o Sirocco, o Jetta, o Golf GL e o Cabriolet. Construiu até instalações na Pensilvânia para fabricar esses novos carros maravilhosos.

Infelizmente para Volkswagen, a categoria de carros pequenos continuou a se expandir. E uma vez que as pessoas não podiam comprar um VW que fosse durável e econômico, mudaram para a Toyota, Honda e Nissan. Hoje, a participação de 67% da Volkswagen diminuiu para menos de 6%. A VW acabou trazendo o fusca de novo, mas os prejuízos foram irreversíveis.

O que impede os líderes de lançarem uma marca diferente para cobrir uma categoria nova é o medo do que acontecerá com suas marcas existentes. A General Motors demorou para reagir à categoria super *premium* estabelecida pela Mercedes-Benzs e pela BMW. Uma das razões foi que a marca nova acima do Cadillac deixaria os revendedores GM de Cadillac furiosos.

A General Motors acabou tentando um *upmarket* com o Allante, que custava $54.000. Bombou. Por que alguém gastaria tanto dinheiro em um chamado Cadillac, uma vez que seus vizinhos provavelmente pensariam que pagou apenas $30.000? Isso não traria prestígio nenhum.

Uma estratégia mais óbvia para a General Motors poderia ter sido colocar uma marca nova no mercado da Mercedes. (Eles poderiam ter trazido a marca clássica LaSalle de volta.)

O momento oportuno também é importante. Você pode explorar uma categoria cedo demais. Na década de 1950, o Nash Rambler foi o primeiro carro pequeno da América. Mas a American Motors não teve a coragem ou o dinheiro para se manter tempo suficiente até que a categoria se firmasse. Como você leu anteriormente, identificar o momento oportuno é importante na busca pelo óbvio e é necessário ter paciência se ainda for cedo para sua ideia decolar.

É melhor chegar antes do que atrasado. Você não pode entrar na mente do cliente potencial primeiro se não estiver preparado para esperar até que as coisas se desenvolvam.

A Lei da Percepção

Você pode ter notado que a famosa técnica de gerenciamento Six Sigma foi questionada quando Bob Nardelli foi demitido da Home Depot. Ele tinha saído da General Electric, onde Jack Welch tornou famosa essa metodologia que estimula a qualidade e aplicou-a na Home Depot, por vingança. Isso não pareceu ajudar, visto que sua concorrente, a Lowe's, os atacou com um conceito simples, mas poderoso, de "Aprimorar a reforma da casa". Eles colocaram o conceito em prática com lojas mais organizadas, sem aquela confusão de empreiteiros, e direcionadas para a dona de casa.

Esta é uma lição clara sobre o simples fato de que um programa de qualidade não é uma ideia diferenciadora. Isso não é marketing. Anteriormente, escrevi sobre a Lei da Divisão. Ela se relaciona à Lei da Percepção. O marketing não é uma guerra de produtos, mas de percepções.

Entretanto, muitos pensam que o marketing é uma guerra de produtos. No longo prazo, imaginam eles, o melhor produto vencerá. O Six Sigma de Bob Nardelli foi aplicado acreditando-se nisso.

Os profissionais de marketing preocupam-se em fazer pesquisa e "obter dados". Eles analisam a situação para se certificarem de que a verdade esteja do lado deles. Então entram confiantes na arena do marketing, seguros por saberem que têm o melhor produto, e o melhor produto, no final, vencerá.

Pura ilusão. Não existe realidade objetiva. Não existem dados concretos. Não existem os melhores produtos. Tudo o que existe no mundo do marketing são percepções na mente do cliente, existente ou potencial. A percepção é a realidade. O resto é ilusão. É por isso que Robert Updegraff, sobre quem falei no Capítulo 1, tratava da explosão de ideias óbvias na mente.

Toda verdade é relativa — relativa à sua mente ou à mente de outro ser humano. Quando você diz: "Eu tenho razão e a pessoa ao meu lado está errada", o que você está dizendo realmente é que sua percepção é melhor que da outra pessoa.

A maioria das pessoas acha que percebe melhor que os outros. Tem a sensação de infalibilidade pessoal. As percepções delas são sempre mais exatas do que as de seus vizinhos ou amigos. A verdade e a percepção se fundem na mente, sem deixar diferença entre as duas.

Para lidar com a realidade aterrorizadora de ficar só no universo, as pessoas se projetam no mundo exterior. "Vivem" na arena de livros, cinema, televisão, jornais, revistas e a internet. "Pertencem" a clubes, organizações e instituições. Essas representações externas do mundo parecem mais reais que a realidade que guardam na mente.

As pessoas apegam-se firmemente à crença de que a realidade é o mundo exterior da mente e que o indivíduo é uma partícula minúscula em uma espaçonave global. Na verdade, é o oposto. A única realidade de que se pode ter certeza está em suas próprias percepções. Se o universo existe, ele existe dentro de sua mente e na mente dos outros. Esta é a realidade com a qual os programas de marketing devem lidar. A maior parte dos erros de marketing vem do pressuposto de que você está travando uma guerra de produtos enraizada na realidade.

O que alguns profissionais de marketing consideram ser a lei natural do marketing se baseia em uma premissa falha de que o produto é o herói do programa de marketing e que você vencerá ou perderá de acordo com os méritos do produto. É por isso que a maneira lógica, natural de comercializar um produto está invariavelmente errada. Só estudando como as percepções são formadas na mente e focalizando seus programas de marketing nessas percepções você pode superar seus instintos de marketing basicamente incorretos.

Cada um de nós (fabricante, distribuidor, revendedor, cliente potencial, cliente existente) vê o mundo através dos olhos. Como faremos para saber se há verdade objetiva nele? Quem avaliaria isso?

Quem nos diria? Eu poderia ser apenas mais uma pessoa vendo a mesma cena com uma maneira diferente de olhar — janelas.

A verdade nada mais é que a percepção de um especialista. E quem é o especialista? Alguém que é percebido como especialista na mente dos outros.

Se a verdade é tão ilusória, por que há tanta discussão no marketing sobre os chamados fatos? Por que há tantas decisões de marketing com base em comparações factuais? Por que tantos profissionais de marketing supõem que a verdade esteja do lado deles, que sua função é usar a verdade como arma para corrigir as percepções equivocadas que existem na mente do cliente potencial?

Os profissionais de marketing concentram-se em fatos porque acreditam na realidade objetiva. Também é fácil os profissionais de marketing suporem que a verdade está com eles. Se você pensar que precisa do melhor produto para vencer em uma guerra de marketing, então é fácil acreditar que tem o melhor produto. Só precisa fazer uma alteração mínima de suas percepções.

Mudar a mente do cliente potencial é outra questão. É difícil mudar a mente dos clientes, existentes ou potenciais. Com uma modesta experiência em uma categoria de produto, um consumidor supõe que ele (ou ela) está certo. Uma percepção que existe na mente com frequência é interpretada como verdade universal. As pessoas raramente se consideram erradas, se é que erram — pelo menos é assim que elas pensam.

É mais fácil ver o poder da percepção sobre o produto quando os produtos estão distintos por algum atributo. Por exemplo, os três carros japoneses mais vendidos, importados na América são Toyota, Honda e Nissan. A maioria dos profissionais de marketing acha que a guerra entre as três marcas se baseia na qualidade, estilo, potência e preço. Não é verdade. É o que as pessoas *acham* sobre um Toyota, Honda ou Nissan que determina qual marca irá vender. O marketing é uma guerra de percepções.

Os fabricantes japoneses de automóveis vendem os mesmos carros nos Estados Unidos e no Japão. Se o marketing fosse uma guerra de produtos, você pensaria que a mesma ordem de vendas seria verdadeira em ambos os países. Afinal, praticamente os mesmos preços são mantidos no Japão e nos Estados Unidos. Mas no Japão, o Honda não está nem perto de liderar. Lá, o Honda está em terceiro lugar, atrás do

Toyota e do Nissan. O Toyota vende mais de quatro vezes o número de automóveis no Japão que o Honda.

Então, qual é a diferença entre o Honda no Japão e nos Estados Unidos? Os produtos são os mesmos, mas as percepções na mente dos clientes são diferentes.

Se você dissesse aos amigos em Nova York que comprou um Honda, eles poderiam lhe perguntar: "Que tipo de Honda você comprou? Um Civic? Um Accord?". Se você dissesse aos amigos em Tóquio que comprou um Honda, eles poderiam lhe perguntar: "Que tipo de motocicleta você comprou?". No Japão, Honda entrou na mente dos clientes como fabricante de motocicletas, e aparentemente a maioria das pessoas não quer comprar um carro de uma fabricante de motocicletas.

Pense nisto: a Harley-Davidson teria sucesso se fosse lançado um automóvel Harley-Davidson? Você poderia pensar que dependeria da qualidade do carro, do estilo, da potência e do preço. Poderia até acreditar que a reputação da Harley-Davidson como uma máquina de qualidade seria uma vantagem. Não é nossa opinião. A percepção que se tem da empresa como fabricante de motos minaria um carro Harley-Davidson — não importa o quanto o produto fosse bom. (Esta é a Lei da Extensão de Linha.)

Alguns executivos do ramo de refrigerantes acreditam que o marketing é uma guerra de preferências. Bem, a New Coke foi a nº 1 em sabor. (A Coca-Cola Company conduziu 200.000 testes de paladar que "provaram" que a New Coke tinha um sabor melhor que a Pepsi-Cola, e a Pepsi tem um sabor melhor que a fórmula original da Coca, agora chamada Coca-Cola Classic.) Mas quem está vencendo a guerra de marketing? O refrigerante que as pesquisas comprovaram ter o melhor sabor, a New Coke, não existe mais. Aquele que as pesquisas mostram ser menos saboroso, a Coca-Cola Classic, está em primeiro lugar.

Você acredita no que quer acreditar. Você prova o que quer provar. Marketing de refrigerantes é uma guerra de percepção, e não de sabor.

O que torna a guerra ainda mais difícil é que os clientes frequentemente tomam decisões de compra com base nas percepções dos outros. Em vez de usarem suas próprias percepções, eles baseiam suas decisões de compra na percepção que os outros têm da realidade. Este é o princípio "todo mundo sabe".

Todo mundo sabe que os japoneses fabricam carros de melhor qualidade que os americanos. Por isso, as pessoas tomam decisões de compra com base no fato de que todos sabem que os japoneses fazem carros de melhor qualidade. Quando você pergunta às pessoas que estão fazendo compras se tiveram experiência pessoal com um produto, a maioria com frequência diz que não. E muitas vezes a própria experiência delas é distorcida para se adequar às suas percepções.

Se você teve uma experiência ruim com um carro japonês, não teve sorte porque todos sabem que os japoneses fabricam carros de alta qualidade. Por outro lado, se você teve uma boa experiência com um carro americano, teve sorte porque todos sabem que os carros americanos não são bem feitos.

O marketing não é uma guerra de produtos. É uma guerra de percepções. Infelizmente, o senhor Nardelli nunca entendeu bem essa lei.

A Lei da Singularidade

Em sua busca pelo óbvio, uma única iniciativa produzirá resultados substanciais. Você não precisa se dar o luxo de escolher entre várias ideias.

Muitos profissionais de marketing veem o sucesso como a soma total de muitos pequenos esforços executados com perfeição.

Acham que podem escolher entre várias estratégias diferentes e ainda assim ter sucesso, contanto que dediquem um esforço suficiente ao programa. Se trabalharem para o líder na categoria, desperdiçarão seus recursos em inúmeros programas diferentes. Parecem pensar que a melhor forma de crescer é a abordagem do filhote — se meter em tudo.

Se não estiverem junto do líder, com frequência acabarão tentando fazer o mesmo que o líder, mas um pouco melhor. Seria como Saddam Hussein dizer que só precisamos nos empenhar um pouco mais na luta e tudo dará certo. Empenhar-se mais não é o segredo do sucesso em marketing.

Quer você se esforce mais ou não, as diferenças são marginais. Além disso, quanto maior a empresa, mais a Lei das Médias eliminará qualquer vantagem real da abordagem de esforçar-se mais.

A História ensina que a única coisa que funciona em marketing é o ataque certeiro e forte. Além disso, em qualquer situação, há apenas uma iniciativa que produzirá resultados substanciais.

Generais bem-sucedidos estudam o campo de batalha e procuram uma forma de atacar que o inimigo menos espera. É difícil chegar a ela. Encontrar várias maneiras de atacar, em geral, é impossível.

O estrategista militar e autor B. H. Liddell Hart chama esse ataque forte de "o menos esperado". A invasão dos Aliados veio na Normandia, um improvável ponto para se aportar qualquer que fosse o tamanho da tropa, na opinião dos alemães, devido à presença de rochas e à condição da maré naquela orla.

O mesmo acontece com o marketing. Com muita frequência, há um único ponto onde um concorrente é vulnerável. E este deveria ser o foco de toda a força invasora.

A indústria automobilística é um caso interessante. Durante anos, a principal força do líder foi no centro da linha de ataque. Com marcas como Chevrolet, Pontiac, Oldsmobile, Buick e Cadillac, a General Motors venceu facilmente os ataques frontais da Ford, Chrysler e American Motors. (O fiasco do Edsel é um exemplo típico.) O domínio da General Motors tornou-se lendário.

O que funciona em marketing é o mesmo que funciona no setor militar: o inesperado.

Haníbal veio sobre os Alpes, uma rota considerada impossível. Hitler veio pela Linha Maginot e suas divisões de blindados atravessaram Ardennes, terreno em que os generais franceses consideraram impossível passar com os tanques. (De fato, ele fez isso duas vezes — uma vez na Batalha da França e novamente na Batalha de Bulge.)

Em décadas recentes, houve apenas dois movimentos fortes contra a General Motors. Ambos foram ataques pelos flancos, em torno da Linha Marginot da GM. Os japoneses vieram pelo extremo inferior, com carros como Toyota, Datsun e Honda. Os alemães vieram pelo outro extremo, com carros de luxo como a Mercedes e a BMW.

Com o sucesso desses ataques pelos flancos, a General Motors foi pressionada a empregar recursos na tentativa de dar suporte às suas linhas básica e superior. (Como mencionado, os Cadillacs eram baratos demais para bloquear as importações de carros alemães com preços altos.)

Para economizar dinheiro e manter os lucros, a General Motors tomou a decisão fatal de construir muitos de seus carros de porte médio usando o mesmo estilo. De repente, ninguém podia diferenciar um Chevrolet de um Pontiac, ou de um Oldsmobile ou Buick. Todos eram parecidos. (O Capítulo 9 trata desse assunto.)

Carros semelhantes enfraqueceram a General Motors e deram abertura para se mudar para a Ford, quando esta entrou com o Taurus e o Sable, estilo europeu. E então os japoneses entraram na onda, com o Toyota, Lexus e Acura. Agora a General Motors está enfraquecida.

Vamos voltar à Coca. Vimos *slogans* ou ideias infindáveis para a Coca-Cola: "We have a taste for you", "The real choice", "Catch the wave", "Red, White and you", "You can't beat the feeling", e "The Coke side of life".

O que a Coca nunca percebeu foi que a única ideia óbvia que eles tinham era a "Real Thing", e deveriam tê-la usado contra a única ideia óbvia da Pepsi, direcionada para os jovens: "Pepsi Generation".

Para puxar o gatilho, a Coca deveria ter ido para a televisão e dito para a Geração Pepsi: "Tudo bem, garotos, não vamos pressioná-los. Quando estiverem prontos para a Coisa Real, vamos entregá-la para vocês". Este seria o início do fim da Geração Pepsi (se a própria Pepsi-Cola não a tivesse aniquilado por si mesma.)

Essa ideia, além de ser óbvia e poderosa, era realmente a única ação que a Coca poderia realizar. Explorava as únicas palavras que a Coca possui na mente de seus clientes potenciais: *Essa é a real*.

Para descobrir esses conceitos ou ideias originais, os gerentes de marketing precisam saber o que está acontecendo no mercado. Eles precisam estar lá, na linha de frente. Precisam saber o que está funcionando e o que não está. Precisam estar envolvidos.

Os erros custam caro e a alta gerência não pode delegar decisões importantes de marketing. Foi o que aconteceu na General Motors. Quando o pessoal do setor financeiro assumiu, os programas de marketing foram abandonados. Eles estavam interessados em números, e não em marcas. A ironia é que os números decaíram, juntamente com as marcas.

É difícil identificar aquela única iniciativa óbvia se você está na sede e não está envolvido no processo.

A Lei da Dualidade

A Microsoft apostou $44,6 bilhões na Lei da Dualidade. Para aqueles que não estão familiarizados com essa lei, ela funciona assim: no longo prazo, todo mercado se torna uma corrida entre dois cavalos.

No momento, o Google tem uma participação de 54% do negócio de mecanismo de busca. O Yahoo tem 20% e a Microsoft tem 13%. Se a Microsoft conseguir adquirir o Yahoo, a participação dela saltará para 33% e haverá dois cavalos competindo pelo negócio da propaganda on-line. (Até agora, essa fusão não ocorreu. Teremos de aguardar para confirmar essa porcentagem.) O que torna essa aposta ardilosa é o fato de o Google ter se tornado uma marca genérica. É quando uma marca é usada genericamente na linguagem cotidiana, "Dá um Google no nome dele" ou "Eu vou dar um Google nisso". A marca é tanto um nome quanto um verbo. "Vou xerocar isso." "Você vai fechar com durex?" Quando isso acontece, você pode ter uma vantagem enorme sobre a concorrência. Embora isso deixe os advogados loucos devido ao medo que eles têm de perder uma marca registrada, é o *grand slam* do marketing. Viagra já é uma marca genérica. A participação deles é de 60% do mercado. O Cialis tem 27%. Levitra tem 13%. A Lei da Dualidade já emplacou.

No início, uma nova categoria é uma escada com muitos degraus. Aos poucos, a escada acaba tendo apenas dois.

Em baterias, é a Eveready e a Duracell. Em filmes fotográficos, é a Kodak e a Fuji. Em higiene bucal, é Listerine e Scope. Em hambúrgueres, é McDonald's e Burger King. Em tênis, é Nike e Reebok. Em pasta dental, é Crest e Colgate.

Quando você vê o marketing ao longo do tempo, percebe a batalha que em geral acaba como uma luta titânica entre dois grandes participantes — normalmente a antiga marca confiável e a nova. Uma breve história ilustra isso.

Em 1969, havia três marcas importantes de certo produto. A líder tinha cerca de 60% do mercado, a número 2 tinha uma participação de 25% e a número 3 tinha 6% de participação. O resto do mercado incluía marcas próprias ou menores. A Lei da Dualidade sugere que essas participações de mercado são instáveis. Além disso, a lei prevê que a líder perderá participação e a número 2 ganhará.

Hoje, a líder caiu para 43% do mercado. A número 2 tem 31% e a número 3 tem uma participação não considerada. Os produtos são Coca-Cola, Pepsi-Cola e Royal Crown, respectivamente, mas os princípios se aplicam a qualquer marca. Veja o que aconteceu com o refrigerante Royal Crown. Em 1969, a empresa Royal Crown revitalizou seu sistema de franquia, com 350 engarrafadoras, e contratou o ex-presidente da rival Pet Foods e um veterano tanto da Coca quanto da Pepsi. A empresa também reteve a Wells, Rich, Greene, uma agência de propaganda muito forte de Nova York. "Estamos dispostos a eliminar a Coca e a Pepsi", declarou Mary Wells Lawrence, a chefe da agência, para as engarrafadoras da Royal Crown. "Espero que vocês desculpem a palavra, mas realmente vamos atacar a jugular deles." Mas a marca eliminada foi a Royal Crown. Em um setor em amadurecimento, o terceiro lugar é uma posição difícil de estar.

Veja o setor automobilístico norte-americano. Apesar das medidas heróicas tomadas por Lee Iacocca e outros, a Chrysler está com problemas. A longo prazo, o marketing é uma corrida entre dois cavalos. Hoje, os principais cavalos são a General Motors e a Toyota, com a Ford em terceiro lugar.

Esses resultados são determinados antes? Claro que não. Há outras leis de marketing que também podem afetar os resultados. Além disso, seus programas de marketing podem influenciar fortemente as vendas, contanto que eles estejam afinados com as leis do marketing. Quando você está em terceiro lugar, uma posição fraca, como a Royal Crown, não vai conseguir muito saindo por aí e atacando os dois líderes fortes. Eles devem ter obtido a custo um nicho lucrativo para eles. (Por exemplo, eles puderam se concentrar logo cedo na Coca Diet.)

Tudo isso é óbvio para os profissionais de marketing bem-sucedidos que se concentram nos dois primeiros lugares. Jack Welch, o lendário *chairman* e CEO da General Electric, disse: "Somente as empresas nº 1 e nº 2 em seus mercados poderiam vencer na arena global cada vez mais competitiva. Aqueles que não puderam, ficaram engessados, fecharam ou foram vendidos". É esse tipo de pensamento que transformou empresas como a Procter & Gamble nas potências que são. Em 32 de suas 44 categorias de produto nos Estados Unidos, a Procter & Gamble comanda a marca nº 1 ou nº 2.

No início, em um mercado em desenvolvimento, as posições nº 3 e nº 4 parecem atraentes. As vendas estão crescendo. Novos clientes, relativamente não exigentes, estão chegando no mercado. Esses clientes nem sempre sabem quais as marcas líderes, por isso, escolhem aquelas que parecem interessantes ou atraentes. Com muita frequência, são as marcas nº 3 e nº 4.

Com o passar do tempo, no entanto, esses clientes aprendem. Querem a marca líder, com base no pressuposto ingênuo de que ela deve ser a melhor.

O cliente acredita que o marketing é uma guerra de produtos. É esse tipo de pensamento que mantém as duas marcas no topo: "Elas devem ser as melhores, pois são as líderes". (Esta é uma má notícia para uma volta da Chrysler).

Mas vamos voltar à grande aposta da Microsoft. O primeiro problema deles será o nome que darão ao novo cavalo. Yahoo? MSN? Meu conselho seria manter o nome Yahoo e deixar a marca Microsoft continuar sendo o cavalo favorito na corrida dos softwares.

A seguir vem a busca por aquela estratégia óbvia de ataque contra o Google. Isso não será fácil, mas pelo menos eles estão preparados para serem a forte nº 2 que quer passar a ser nº 1.

A Lei dos Recursos

Sem recursos adequados, uma ideia óbvia não decolará.

Se você tem uma ideia óbvia forte e pegou este livro pensando que você só precisa de uma pequena ajuda de marketing, este capítulo será um balde de água fria.

Nem a melhor ideia do mundo irá muito longe sem o dinheiro para decolar. Inventores, empreendedores e geradores de diversas ideias parecem pensar que suas boas ideias só precisam de ajuda de marketing profissional.

Nada pode estar mais longe da verdade. O marketing é uma luta travada na mente do cliente potencial. Você precisa de dinheiro para entrar na mente de um indivíduo. E precisa de dinheiro para ficar na mente dele, depois que conseguir entrar.

Você irá mais longe com uma ideia medíocre e um milhão de dólares do que apenas com uma ideia genial.

Alguns empreendedores veem a propaganda como a solução para o problema de entrar na mente dos clientes potenciais. A propaganda é cara. O custo de lutar na Segunda Guerra Mundial era de $9.000 por minuto. Na Guerra do Vietnã, era de $22.000 por minuto. Um comercial de um minuto na NFL Super Bowl custará $2,7 milhões.

Steve Jobs e Steve Wozniak tiveram uma grande ideia. Mas foram os $91.000 de Mike Markkula que colocaram a Apple Computer no mapa. (Pelo dinheiro empregado, Markkula recebeu um terço da Apple. Ele deveria ter reivindicado a metade.)

Ideias sem dinheiro são inúteis. Bem... nem tanto. Mas você precisa usar sua ideia para encontrar o dinheiro, e não a ajuda do marketing. O marketing pode vir depois.

Alguns empreendedores veem a publicidade como um meio barato de entrar na mente dos clientes potenciais. Eles a consideram "propaganda gratuita". A publicidade não é gratuita. A regra prática: 5-10-20. Uma pequena agência de relações públicas desejará $5.000 por mês para promover seu produto; uma agência de tamanho médio, $10.000 por mês; e uma agência grande, $20.000.

Alguns empreendedores veem os capitalistas de risco como a solução para seus problemas de dinheiro. Mas apenas uma percentagem minúscula consegue captar os recursos de que precisam dessa forma.

Alguns empreendedores consideram a América corporativa financeiramente capaz de fazer sua criação decolar. Boa sorte, vocês precisarão dela. Muito poucas ideias de fora são aceitas por empresas grandes. Sua única esperança real é encontrar uma empresa menor e persuadi-la dos méritos de sua ideia.

Lembre-se: uma ideia sem dinheiro de nada vale. Prepare-se para repassar muitos recursos.

Em marketing, os ricos muitas vezes ficam mais ricos porque têm os recursos para fazer suas ideias entrarem na mente dos clientes potenciais. O problema deles é separar as boas ideias das más, e evitar gastar dinheiro em produtos e programas demais.

A concorrência é cruel. As corporações gigantes colocam muito dinheiro por trás de suas marcas. A Procter & Gamble e a Philip Morris gastam, cada uma, mais de $2 bilhões por ano em propaganda. A General Motors gasta $1,5 bilhão por ano.

A vida pode ser injusta para o comerciante menor que enfrenta concorrentes maiores. Considere a A&M Pet Products, uma pequena empresa em Houston, Texas. A A&M inventou uma das novidades mais importantes na categoria. O conceito é simples. Quando os gatos usam a caixa de areia, esse novo tipo de areia aglutina a urina formando placas, facilitando a limpeza da caixa. Não há necessidade de trocar toda a areia.

A marca, chamada Scoop Away, decolou em todo lugar onde foi introduzida. Isso logo chamou a atenção da Golden Cat Corporation, que tem a marca nº 1 de areia para gatos, a Tidy Cat.

Reconhecendo uma ideia ameaçadora assim que a viu, a Golden Cat introduziu sua versão de areia para aglutinar fezes, chamada TidyScoop. Além de terem se apossado da ideia da A&M, eles também usaram a parte Scoop do nome de marca deles. (O quanto você consegue ser desleal?)

O vencedor dessa guerra de gatos provavelmente será determinado por quem tem mais dinheiro para empregar na ideia.

Ao contrário de um produto de consumo, um produto técnico ou comercial precisa levantar menos dinheiro de marketing porque a lista de clientes potenciais é menor e a mídia não é tão cara. Mas ainda há necessidade de recursos adequados para um produto técnico pagar manuais, apresentações de vendas e feiras comerciais, além de propaganda.

O resultado é o seguinte, primeiro você tem a ideia, depois vai atrás do dinheiro para realizá-la. Você pode seguir alguns atalhos:

- O dinheiro pode vir do casamento. Peça ao seu cônjuge rico para ajudar a financiar sua ideia.

- O dinheiro pode vir do divórcio. Use sua pensão para financiar sua ideia.

- O dinheiro pode vir de casa. Use sua herança para financiar sua ideia.

- Você pode dividir sua ideia com alguém, fazendo uma franquia.

Até aqui, falamos sobre empresas menores e estratégias de captação de recursos. E uma empresa rica? Como ela deveria tratar a Lei dos Recursos? A resposta é simples: gastar o suficiente. Em uma guerra, os militares sempre vagueiam pelas colinas. Você sabe quantas rações foram deixadas depois da Operação Tempestade no Deserto? Muitas. E o mesmo acontece em marketing. Você não pode economizar para ter sucesso.

Os profissionais de marketing com mais sucesso concentram seus investimentos. Em outras palavras, eles não têm lucro durante dois ou três anos enquanto empregam todos os ganhos no marketing.

Uma verdade óbvia: o dinheiro faz o mundo do marketing se movimentar. Se você quer ser bem-sucedido hoje, terá de encontrar o dinheiro de que precisa para fazer as rodas do marketing girarem.

CAPÍTULO
9

Algumas Observações sobre Problemas Óbvios de Marketing

Este capítulo apresenta as ideias óbvias que poderiam ser usadas para resolver alguns problemas de marketing bastante comuns. Algumas são observações. Várias foram pesquisas para identificar o óbvio, conduzidas por mim.

Lições de *Branding* da General Motors: O que Não Fazer

A Toyota está prestes a assumir o reinado que durante sete décadas foi da General Motors, por ter fabricado o maior número de carros do mundo. É isso mesmo, seus 70 anos de liderança estão chegando ao fim. Hoje, a Toyota tem o carro mais vendido da América — o Camry — e a GM está lutando para fazer marcas que estão encolhendo, como Buick e Pontiac, terem a mesma importância para os consumidores.

Quando algo assim acontece com uma empresa dessa envergadura, vale saber por que ocorreu. São lições importantes, como George Santayana advertiu: "Aqueles que não se lembram do passado estão fadados a repeti-lo". Mencionei o problema de esquizofrenia da marca GM em um capítulo anterior. Agora farei uma análise mais detalhada do que deu errado.

Quando Alfred Sloan assumiu, em 1924, a vice-presidência das operações da GM, herdou o que chamou de "linha de produção irracional", por não ter uma política norteadora para o marketing de suas várias marcas. O único objetivo da empresa era vender carros. As marcas roubavam vendas umas das outras e, com exceção do Buick e do Cadillac, todas perdiam dinheiro.

Sloan percebeu imediatamente que a GM tinha modelos demais, muitos deles repetidos, e faltava-lhe uma política de produto. Em um dos primeiros exemplos de segmentação de mercado, ele reduziu a oferta da GM para cinco modelos, separou-os por faixa de preço e enfatizou a imagem de cada marca a fim de atrair clientes para a família GM e promovê-la.

Essas marcas distintas e fortes permitiram à GM captar mais de 57% do mercado norte-americano em 1955. Ciente de que tentar uma participação maior de mercado poderia levar a ações antitruste e à ameaça de fechamento, a GM mudou sua estratégia, deixando de fabricar carros melhores para ganhar cada vez mais dinheiro, mantendo seu volume de vendas relativamente estável. Essa seria uma decisão fatídica.

Nada representou melhor essa nova direção do que o conceito de "badge engineering"[1*], ou vender modelos idênticos com diferentes nomes. Essa invenção do *staff* financeiro da GM foi uma forma de aumentar o lucro recorrendo a um processo de fabricação uniforme que possibilitava o uso das mesmas peças em vários modelos. Lenta, mas seguramente, as diferentes marcas perderam suas personalidades individuais, algo que a empresa tinha estabelecido com tanto esforço. Ao mesmo tempo, para melhorar seus números (e bonificações), as divisões da GM começaram a forçar os limites das políticas de produto que definiam suas marcas: a Chevrolet subiu os preços com modelos mais sofisticados, como fez a Pontiac. Buick e Oldsmobile ofereceram versões mais baratas. A GM estava produzindo, mais uma vez, vários carros de marcas diferentes que se aproximavam na aparência e nos preços. Para a GM, era como se estivesse voltando a 1921.

Como a BMW, a Toyota forçou uma marca de várias formas. Todos esses carros se beneficiaram por compartilhar uma ideia diferenciadora poderosa: a confiabilidade. E quando entrou na categoria de

---

[1] Prática de comercializar um mesmo veículo sob duas ou mais marcas diferentes. (N.T.)

carros de luxo, o Toyota tornou-se um Lexus, sendo toda a identidade da fabricante cuidadosamente eliminada. Eles também investiram rapidamente em inovações como o Prius híbrido e o Porte, que aceitava cadeira de rodas, para a população idosa do Japão.

O resultado de tudo isso foi que, na busca pelo óbvio, *menos vale mais*.

Uma marca de sucesso precisa representar algo. E quanto mais variações você ligar a ela, maior o risco dela não representar nada. Isso acontece principalmente quando aquilo que se acrescenta entra em conflito com a percepção. Se o Marlboro representa cowboys no Mundo de Marlboro, como eles podem vender cigarros Marlboro Mentol ou Marlboro Ultra Light? Cowboys de verdade não fumam cigarros Menthol ou Ultralight.

Se a Coca é a empresa que inventou a cola e é dona daquela fórmula especial, como eles podem ser a "Real Thing" quando oferecem uma série de inovações, inclusive a chamada "Zero"? Por que mudar essa fórmula original?

O Wal-Mart deveria tentar vender mais produtos de qualidade melhor para competir com a Target? Não, este não é o mercado deles. (Veja a próxima seção.)

A Porsche deveria arriscar sua imagem de carro esportivo vendendo SUVs? Não, ela é uma marca de carro esportivo ícone.

A Dell deveria tentar vender eletrodomésticos para competir com os japoneses e coreanos nessa categoria? Não, eles fazem vendas diretas para empresas.

Enquanto as empresas não chegarem a um acordo quanto ao simples fato de que elas não têm realmente uma necessidade extrema de crescer, mas um desejo imenso de crescer (por causa de Wall Street), muita coisa ruim vai acontecer. Certamente, aos poucos as marcas perderão seu significado, à medida que tentarem se tornar "algo mais".

O que está acontecendo com a GM deveria ser uma lição para todas as empresas, não importa o quanto sejam grandes e poderosas. Não se pode ser tudo para todos e quanto mais se tentar, mais se arrisca a afundar o barco. A História tem provado que esta é uma verdade óbvia.

O Wal-Mart Pode Mudar?

Nada agitou nem tumultuou tanto o ramo das agências de propaganda quanto a dispensa, feita pelo Wal-Mart, de Julie Roehm e da agência contratada por ela.

Toda a imprensa divulgou isso, mas nada captou melhor o ocorrido do que a grande manchete na *Advertising Age* anunciando: "A incontrolável Julie e o escândalo que chacoalhou o mundo publicitário".

Para quem perdeu, o problema de Julie foi, supostamente, aceitar jantares requintados na cidade de Nova York, andar em um carro de luxo com um executivo da agência, favorecer sua agência preferida e ter um caso com seu assistente. Não ocorria nada tão excitante no mundo publicitário desde a época em que Mary Wells se casou com o CEO de um de seus grandes clientes. (Mary sempre teve muita classe.)

Julie Roehm foi contratada para ajudar o Wal-Mart a abandonar sua imagem *down-market*, direcionada para preços, para atrair moradores naqueles subúrbios que compravam na Target e em outros estabelecimentos um pouco mais refinados. Famosa por seu marketing intenso e agressivo na Chrysler, ela entrou na cultura do Wal-Mart como um tanque que atravessa um muro de tijolos. Julie atribuiu todos os problemas à sua atuação como agente de mudança em uma organização que não queria mudar realmente.

O que faltava a todos esses artigos era analisar se o Wal-Mart podia ou deveria mudar. Escrevi anteriormente que, depois de se estabelecer em uma categoria de valor ou de preço, é quase impossível para uma marca tornar-se sofisticada (*upmarket*) e atrair um grupo de clientes que já procuram marcas mais refinadas. O Wal-Mart comercializa artigos populares que claramente se ligam a "preços baixos, sempre". (A seção adiante tratará mais desse assunto.)

É por isso que as pessoas vão lá para comprar.

E sua cultura, o *layout* da loja e a propaganda enfatizam o preço como seu valor maior. Varejistas como a Ames, ou aqueles que praticavam preços regionais como a Caldor's, tentaram competir em preço, mas fecharam há muito tempo.

A Target armou um jogo perfeito. Em vez de competir cabeça-a-cabeça com Godzilla, sua estratégia óbvia foi oferecer "produtos de massa com classe", ou mercadorias encontradas em lojas de departamento por menos. Eles usaram designs exclusivos e *layouts* de loja mais agradáveis para atrair aqueles que se inclinavam a comprar artigos mais sofisticados e tendiam a olhar o comprador do Wal-Mart de cima. Lembre-se, quando você entra em um Wal-Mart, está dizendo ao mundo que vai atrás de preço. Quando você entra em uma Target, está dizendo ao mundo que tem um pouco mais de bom gosto do que um comprador que valoriza preços. Quando você entra em uma Neiman Marcus, está dizendo ao mundo que tem muito dinheiro e muito bom gosto.

Como tudo neste mundo competitivo, tentar ser tudo para todos não funciona. Você é o que é na mente de seus clientes existentes e potenciais, e abandonar essa posição tende a gerar confusão. Preços mais altos em uma loja de preços baixos só sugerem a seus clientes que você pode estar querendo "roubá-los".

O mesmo ocorre com produtos. Quando a Toyota lançou seu automóvel de luxo por $50.000, deu a ele um nome de marca diferente (Lexus), como fez a Honda (Acura). Eles não queriam que seus clientes achassem que estavam comprando Toyotas ou Hondas mais refinados.

Então alguém na Wal-Mart reconheceu que a mudança não seria uma coisa tão boa para a empresa. (Sem dúvida.) E com essa percepção, Julie e sua nova agência deixaram de ser necessários. De fato, se ficassem, tudo o que fariam seria causar confusão entre funcionários e clientes. (Sem dúvida.)

Evidentemente, isso acabou. E o futuro? A resposta a essa pergunta agora está nas mãos de Stephen Quinn, diretor de marketing do Wal-Mart. Você já está lendo sobre sugestões que estão sendo defendidas por todos os chamados especialistas. Mantenha o foco. Evolua. Pare de transformar tudo em mercadoria comum. Minha aposta é que se o seu negócio enfatiza o valor, fale mais sobre valor em vez de preço. Você pode até deixar seus clientes darem uma olhada no que é feito atrás das prateleiras para oferecer esse valor. E certamente pode melhorar a experiência de compra com um serviço mais receptivo. (Pense na Southwest, que tem atendentes de bordo fazendo *stand-up comedy*.) O que o Wal-Mart não deveria fazer é se refinar e tentar vender artigos mais sofisticados para competir com lojas como a Target, principalmente quando o país escorrega para uma recessão.

Tudo isso aponta para uma verdade simples: Nunca é cedo nem tarde demais para corrigir um erro. Não importa o grau de constrangimento.

Confusão na Terra da Coca

Aqui está um problema muito óbvio.

A Coca-Cola lançou uma campanha bastante estranha de seu produto Coca-Cola Zero. Baseia-se na ideia de que os executivos na Coca-Cola que vendem Coca-Cola Classic querem contratar advogados para processar seus colegas que vendem Coca Zero. Para eles, é um "caso claro de infração de sabor". Em termos simples, o pessoal do marketing de Classic quer processar os funcionários da Zero por produzirem uma Coca sem calorias que tem um sabor tão bom quanto a Coca com calorias.

Mas então você poderia dizer: "E a Coca Diet?". Boa pergunta. A melhor estratégia é ter uma estratégia de três colas — Classic, Diet e Zero. Isso não é diferente da Pepsi-Cola, que está atrás da mesma ideia. Eles têm Pepsi, Diet Pepsi, Pepsi Max e, em breve, Diet Pepsi Max.

O que está acontecendo aqui? Acredito que nada além de confusão, e confusão é o inimigo do marketing efetivo. Este é o tipo de coisa que se vê com freqüência quando uma categoria está estagnada ou decaindo. O pessoal da área de marketing senta-se, olha para as complicadas pesquisas de marketing e tenta imaginar meios de dar uma guinada. Antes de se falar em "segmentação", eles se envolvem em infindáveis extensões de linha para atrair esse segmento ou aquele grupo de clientes, indicado pelas pesquisas. Milhões são gastos em desenvolvimento de produto, marketing e propaganda, e a empresa continua estagnada ou até decai. A maior parte dessa atividade gira em torno de clientes existentes que experimentam essas ofertas novas, mas acabam migrando para sua versão favorita.

Pense nisso. Se eu bebo Pepsi ou Pepsi Max, por que mudaria para Coca Zero? Para obter o sabor da Coca Clássica? Tudo isso faz pouco sentido uma vez que eu bebo Pepsi. Mas se eu bebo Coca Clássica, poderia ficar tentado a experimentar uma nova cola com zero caloria e o com mesmo gosto daquela que eu tomo. Quem sabe, mas tudo parece como se eu estivesse apenas mudando de lugar as cadeiras em um deck, de uma marca que está afundando lentamente.

Até os funcionários da Coca admitem haver um problema de canibalização. Eles alegam que 45% dos consumidores de Coca Zero não são pessoas que tomam Coca Diet, mas consumidores adicionais. Mas o que dizer daqueles que tomam Coca Classic? De qualquer forma que se avalie, mais da metade dos consumidores eram seus clientes originais e agora se está lançando uma campanha focada diretamente naqueles que tomam Coca Classic, dramatizando o fato de que agora você pode ter o sabor da Coca Classic com zero caloria.

Mas eles não precisam sentar e esperar para ver o que acontece. Tudo o que precisam fazer é dar uma olhada geral no comércio de cerveja e terão uma visão muito boa de seu futuro. A Budweiser e a Miller têm, ao longo dos anos, produzido extensões infindáveis de linha, tentando dar vida à categoria em declínio. Elas não geraram negócios adicionais. Tudo o que fizeram foi causar confusão e difamar suas marcas. A Budweiser já teve uma frase maravilhosa, "This Bud's for you". A pergunta se tornou: qual delas você tem em mente? Ah, esqueça, eu quero uma garrafa de água.

A verdadeira vítima de todas essas alterações é a marca básica da Coca-Cola. Como escrevi anteriormente, eles já foram "The Real Thing". Essa foi uma ideia diferenciadora forte, que colocou a Pepsi em uma posição desconfortável, como a marca de imitação. Mas à medida que se introduz a New Coke, a Diet Coke, a Vanilla ou a Cherry Coke, a Zero Coke, não se pode mais ser a verdadeira. Você se torna uma marca de várias coisas que representa uma cola. Obviamente, a Pepsi também é uma cola, portanto, tudo o que você fez foi empatar o jogo. Nada bom quando você é o líder.

Como escrevi em *Differentiate or Die*, quando se tenta ser tudo, nada fica na mente. E sem essa ideia diferenciadora, é melhor ter um preço muito baixo. Isso é óbvio.

Para onde Vão os Jornais?

A imprensa recentemente tem sido a mídia impressa. A aquisição por Murdoch do *Wall Street Journal* dominou os noticiários. Será ele um salvador ou um explorador? Além disso, têm saído muitos artigos sobre o futuro melancólico dos jornais. Eles estão acabando? A internet pode salvar o jornalismo sério?

O fato de esses grandes jornais terem aberto a venda de ações ao público piora a situação, enquanto *Wall Street* faz comentários, atacando a diretoria de *New York Times* e seu fraco desempenho financeiro. Até Warren Buffett declarou que o atual modelo — ou seja, o jornal impresso em papel — não vai funcionar. Abrir ações ao público coloca todo o foco nos números. E quando se está tentando aprimorar os números para contentar os investidores, são feitos cortes em coisas nas quais se deveria estar investindo, como pessoal, promoção e inovação.

Ninguém se emprenhou mais para aprimorar os números que Donald Graham, o CEO de *Washington Post*. Ele foi um dos primeiros a defender intensamente o mundo digital; no entanto os críticos dizem que Graham precisa ser mais rápido para colocar o negócio *on-line*.

Para resgatar jovens leitores, o *Post* começou, em 2003, um tablóide gratuito aos fins de semana chamado *Express*, atualmente com tiragem diária de 185.000 exemplares. É lucrativo. Um ano depois, a empresa adquiriu *El Tiempo Latino*, uma publicação semanal em língua espanhola. Também publica cinco jornais suburbanos de circulação paga, 34 semanais gratuitos, 12 jornais militares e guias de automóveis e imóveis. Para arrancar mais alguns dólares de suas prensas e caminhões, o *Post Co.* distribui o *Wall Street Journal* em Washington, além de imprimir e distribuir a edição local do jornal satírico *Onion*. Talvez a próxima iniciativa seja fazer convites de *bar mitzvah*.

No entanto, apesar de todo esse esforço, a receita da propaganda impressa em *Post* é seis vezes maior que a da receita na internet. O papel ainda conta mais. Desnecessário dizer que tudo isso é um problema difícil de marketing.

Às vezes, para resolver um problema em um setor, é preciso estudar outros setores análogos. Nesse caso, eu examinaria o mundo do varejo. Há semelhanças. O nome da loja é a marca que procuro para fazer compras. O nome do jornal é a marca que procuro para ler. Em ambos os casos, procuro o que existe em cada um, por isso o conteúdo é importante. E em ambos os casos, há forças competitivas que estão causando enormes dificuldades.

Por exemplo, a velha e boa Sears sofre enorme pressão de preços por parte de lojas como Wal-Mart e Home Depot. A Sears, com os anos, construiu marcas muito fortes. Nomes como Die-Hard, Kenmore, Craftsman e a tinta Weatherbeater fazem a diferença para a Sears. Para sobreviver, a estratégia da empresa deveria ser usar essas marcas como "vendidas apenas na Sears". Elas não podem competir em preço ou seleção. (Adiante, este assunto será tratado em detalhes.)

Estimo que seja óbvio que jornais como o *New York Times* e o *Washington Post* tenham de perseguir uma estratégia semelhante: "Leia somente em". Eles precisam trabalhar muito para construir agressivamente a marca de seus articulistas, como *New York Times* fez com Tom Friedman, Maureen Dowd ou Paul Krugman. Quanto mais respeitadas forem essas marcas, mais terei necessidade de comprar o jornal ou pagar para ler na internet. Também, mais eu exigirei do jornal. O mundo dos esportes entende isso. Se Tiger Woods estiver no torneio, os índices de audiência na televisão sobem. Por que você acha que o time Los Angeles pagou tanto para ter Beckham chutando uma bola?

Além de escritores respeitados, os jornais precisam falar mais de seus jornalistas: quantos eles têm pelo mundo e suas credenciais. Precisam destacar que ter informações exatas requer dinheiro, trabalho árduo e muito talento. (Material que não se pode obter de *bloggers*, televisão a cabo ou no "Daily Show".) Muitos anos atrás, o *Wall Street Journal* veiculou um anúncio com a chamada: "Todo dia o Kremlin recebe 12 cópias de *Wall Street Journal*. Talvez eles saibam algo que você não sabe". É esse o tipo de propaganda que eu gostaria de ver mais, em nome de seu pessoal, que trabalha tanto.

O que os jornais precisam perceber é que no mundo de hoje, com comunicação abundante, há tanto conteúdo quanto notícias. Há tantos articulistas famosos quanto jornalistas desconhecidos. Não se trata apenas de receber a notícia, mas de como ela é publicada. Essa pode ser uma realidade difícil de enfrentar para os donos desses jornais, mas os *bárbaros estão nos portões*[2*]. Você precisa sair por aí e promover agressivamente suas grandes armas, sua organização e por que seu jornal deveria ser lido.

E se você mantiver seus leitores, os anunciantes virão.

Celebridades Que "Des-Vendem" Produtos

Jornalistas famosos são um motivo para se ler um jornal. Mas um nome célebre apenas não é motivo para se comprar nada.

Considere um anúncio recente da Macy's, um esforço envolvendo celebridades para tentar dar certo brilho à sua iniciativa, sem sucesso, de construir uma rede nacional de 825 lojas sob a marca Macy's. Eles desenvolveram uma propaganda que mostrava gente famosa como

---
[2] No original, *The Barbarians are at the Gates*. Trata-se de um livro escrito pelos jornalistas Bryan Burrough e John Helyar sobre a aquisição alavancada da RJR Nabisco.

Martha Stewart, Sean Combs, Jessica Simpson, Donald Trump e Emeril Lagasse. Todos têm algo em comum: vendem itens com a marca Macy's.

Isso ajudará? Isso promoverá a categoria de loja de departamento que está sendo atacada por comerciantes de mercadorias de massa ou por varejistas de especialidades? Pressinto que a resposta a essa pergunta é: "Provavelmente não". E as razões são dadas a seguir.

Em primeiro lugar, marcas bem-sucedidas precisam ter uma ligação direta com a celebridade. Essa ligação precisa fazer sentido para o cliente potencial. Michael Jordan vendendo tênis Nike é o Monte Everest do marketing.

Por que a marca Air Jordan foi um sucesso tão grande durante tantos anos? Michael podia jogar basquete e saltar como poucos. E os tênis são fundamentais para essa habilidade. O cliente potencial imaginou que aqueles tênis ajudaram Michael a fazer o que ele podia fazer, e parte dessa mágica poderia estar naqueles tênis caros de basquete. Shaquille O'Neal tem uma marca de tênis que possui muito pouco impacto, pela simples razão que ele não tem boa impulsão e nem é tão ágil. Não tem ligação. Por outro lado, os esforços dele de vender um alívio para a dor provavelmente funcionassem muito bem. Todos percebem que há muita dor em jogo naquele corpo.

Pense em Tiger Woods e suas bolas de golfe Nike. Quando o nome dele não estava ligado aos produtos de golfe Nike, as bolas de golfe não vendiam. Assim que o mundo viu que bolas ele estava usando, de repente elas ficaram muito mais populares. (No entanto, não são tão procuradas quanto a categoria líder, a Titleist, usada pela maioria dos jogadores profissionais de golfe.) Mas Tiger Woods pode vender Buicks? De jeito nenhum, pela simples razão que o cliente potencial não vê uma ligação natural. Ele foi pago para estar no comercial e todos sabem que com o dinheiro que ele tem, deveria dirigir um Bentley, e não um Buick.

Dito isso, vamos voltar à Macy's. Existe uma ligação natural com os produtos para o lar de Martha Stewart? Certamente. Como resultado, eles poderiam vender alguns desses itens. Mas não venderão tanto quanto as marcas conhecidas de artigos para cozinha e louças. Donald Trump tem uma ligação natural com imóveis, mas não com ternos. Além disso, ele parece estar sempre com as mesmas roupas, e a maioria das pessoas passa o tempo todo olhando para o cabelo dele, e não para o que ele está usando. E com o dinheiro que ele tem, provavelmente ele esteja usando ternos feitos sob medida. Os sapatos de Jessica Simpson? Não são grande coisa. Artigos para cozinha de Emeril

Lagasse? Sem dúvida, mas agora você está concorrendo com artigos para cozinha de Martha.

O resultado é que todas essas marcas de celebridades não são suficientes para tornar a Macy's um lugar legal para se visitar. E então vem a pergunta sobre todas aquelas promoções na loja. Pegamos um item de celebridade e passamos por todos aqueles outros balcões? Tenho uma percepção clara de por que eu deveria ir ao Wal-Mart (preços baixos) ou à Target (produtos de lojas de departamento a preços mais baixos) ou Nordstrom (serviços) ou Saks (produtos diferenciados). A Macy's está precisando de um posicionamento ou de uma estratégia de diferenciação clara, e essas celebridades não entram nisso. Se elas e outras celebridades fossem fazer compras lá, talvez isso funcionasse. Mas o fato de elas venderem seus produtos não é uma boa razão para ter vantagem sobre todas essas outras lojas.

Finalmente, há a questão de que, às vezes, as celebridades podem "fazer propaganda contra a venda" de produtos e causar problemas para seu patrocinador.

James Garner estava vendendo carne de vaca até que teve um ataque cardíaco, que foi muito divulgado pela mídia, e fez três pontes de safena. Nossa, que horror!

A Reebok gastou 25 milhões de dólares em uma campanha publicitária com dois astros — Dan O'Brien e Dave Johnson. Nos jogos olímpicos, Dan não conseguiu uma única medalha e Dave só uma de bronze. Nossa, que horror!

A tenista Martina Hingis recomendava os tênis de uma fabricante italiana até que os processou, alegando que os calçados eram a causa de suas lesões. Nossa, que horror!

Kope Bryant recomendava a Sprite do McDonald's e a promoção da Nutella até que foi acusado de agressão sexual. Nossa, que horror!

Michael Vick foi um dos atletas da Nike até que foi condenado por rinha de cães. Nossa, que horror!

Infelizmente, há sempre o perigo de sua celebridade fazer algo que constrangerá seu programa de construção da marca (*branding*). Você pode rescindir o contrato, mas os prejuízos são irreversíveis. (A Nike logo retirou o "Swoosh" de Michael Vick.)

Um de meus programas preferidos de celebridades é aquele de Betty Crocker. Ela vende massas para bolos e tortas há décadas. E por ser uma personagem, nunca erra e nem pede aumento. E da última vez que verifiquei com a General Mills, até hoje recebe correspondências de suas fãs.

Esse Negócio Confuso de Cerveja

Há anos escrevo sobre os problemas de extensão de linha. Vamos revisar as recomendações.

Em *Posicionamento: A Batalha por sua Mente*, há dois capítulos sobre problemas de extensão de linha.

Em *As 22 Leis Imutáveis de Marketing*, ela se tornou a lei mais violada.

Em *The New Positioning*, escrevi sobre o problema como uma "questão de perspectiva". Ressaltei que a diferença de opiniões sobre o assunto está em como um produto é percebido dentro e fora da empresa. As empresas olham para suas marcas de um ponto de vista econômico. Para ganhar eficiência de custo e aceitação comercial, elas se dispõem a transformar uma marca altamente focada, que representa certo tipo de produto ou ideia, em uma marca não focada que representa dois ou três ou mais tipos de produtos ou ideias. Vemos a questão da extensão de linha do ponto de vista da mente. Quanto mais variações você associa à marca, mais a mente perde o foco. Gradualmente, uma marca como a Chevrolet passa a perder o significado. Resultado: uma marca que é muitas coisas não pode ser apenas uma.

Nenhuma categoria ignorou tudo isso tanto quanto a das cervejas. Veja a Miller. O que começou em 1978 como uma *pilsner* clássica se tornou um portfólio de cervejas. Cada marca desse portfólio é um caso ruim de extensão de linha. Se você pede uma cerveja Miller, a próxima pergunta será "qual delas"? Em que ocasião você pedirá uma Miller Lite, Miller Lite Ice, Miller Genuine Draft, Miller Genuine Draft Lite, Miller High Life, Miller High Life Lite ou Miller High Life Ice?

Esquece, quero uma Budweiser.

Eles também são donos da Jacob Leinenkugel Brewing Company. Da última vez que verifiquei, notei o mesmo problema — você precisa decidir se quer uma Original Premium da Leinenkugel, uma Light, Northwoods Lager, Genuine Bock (sazonal), Red Lager, Honey Weiss, Berry Weiss (sazonal), Hefeweizen (só *draft*), ou Creamy Dark.

Esquece, quero uma Corona.

Você poderia dizer: "Por que o pessoal que fabrica cerveja deveria te ouvir?". Boa pergunta. Mas nem o suporte da *Harvard Business Review* conseguiu desacelerar o expresso da extensão de linha. E o veredicto deles foi severo: "A expansão de linha de produto não ponderada pode enfraquecer a imagem de uma marca, afetar relações comerciais e disfarçar aumentos de custo". A Budweiser tem "Bud's for you" demais, e a Bud Light está engolindo a Budweiser básica. E que diabos é a Bud Select? A Coors Light conseguiu prejudicar muito mais a Regular Coors.

E eles não entendem por que as fabricantes de cervejas deixaram de crescer. Com tanta confusão, a saída é: "Esquece, eu quero uma garrafa de água".

Mas agora vem a maior ironia. Durante anos, aqueles que fazem cerveja "artesanal", em pequenos lotes, conseguiram uma participação de mercado equivalente àquela das três gigantes na fabricação de cerveja. Agora, as grandes cervejarias estão fazendo o mesmo jogo. Mas desta vez eles evitam usar o nome da empresa-mãe nos rótulos de suas cervejas artesanais. A Anheuser-Busch, por exemplo, cita a Green Valley Brewing Co. como fabricante da Wild Hop Lager. A Jacob Leinenkugel Brewing Co. é da SABMiller PLC. A Blue Moon Brewing Co. é subsidiária da Molson Coors Brewing Co.

E sem os grandes nomes de marca, as vendas no varejo das cervejas artesanais das três grandes empresas cresceram quase três vezes mais que aquelas das autênticas cervejas artesanais.

Isso significa que os grandes fabricantes de cerveja há muito perceberam os erros em suas extensões de linha?

Acho que não.

Para onde Vai a Starbucks?

Parece que as coisas estão piorando em *Latte Land*. A economia e a competição estão tornando a gloriosa trajetória da Starbucks bem mais difícil.

O primeiro sinal de problema veio do mercado de capitais. O preço das ações da Starbucks caiu pela metade no último ano, depois de mais de uma década de crescimento quase contínuo.

O segundo sinal foi a demissão de seu CEO, substituído por Howard Schultz, o homem que construiu o negócio quando tinha apenas quatro lojas. Agora eles têm 15.000 lojas em 43 países. O que Howard Schultz está aprendendo é que, quanto maior se é, mais difícil de gerenciar. Ele promoveu o rápido crescimento e agora precisa sanar os problemas que provavelmente estimulou, ao abrir lojas demais.

Na linha de frente da guerra competitiva, Dunkin' Donuts e agora o McDonald's estão ameaçando incluir cada vez mais negócios, oferecendo uma boa xícara de café a um preço bem mais baixo que aquele pago na Starbucks.

Achei interessante que Howard Schultz não esteja preocupado com a concorrência. Ele acha que o problema é com a própria Starbucks e basta resolvê-lo. Em muitos sentidos, ele tem razão, mas não sei se está se concentrando no problema certo.

Em minha opinião, quando se está vendendo um produto muito caro, comparado com a concorrência, sempre se depara com a necessidade de oferecer ao cliente uma razão para valer esse dinheiro extra. Quando alguém compra uma Mercedes de 60.000 dólares para impressionar os amigos e vizinhos, é preciso racionalizar essa compra dizendo ao seu cliente potencial que esse carro tem uma mecânica incrível que vale o quanto custa. Se você estiver vendendo um relógio Rolex de 10.000 dólares, precisa justificar que cada Rolex leva um ano para ser fabricado. Ninguém quer sentir que está desperdiçando dinheiro.

A Starbucks nunca teve concorrência real, por isso eles não se sentiram pressionados a dizer às pessoas por que o café deles custa tão caro. Acharam que, se abrissem mais lojas, as pessoas viriam. Bem, as vendas recentes indicam que as pessoas não estão indo tomar café lá, provavelmente por causa da economia. De fato, eles tiveram tanto sucesso que nem sentiram a necessidade de fazer propaganda e só começaram a fazer isso recentemente. Infelizmente, as propagandas deles não diziam muito sobre seu café. E se o McDonald's oferece um bom café, a pergunta "por que pagar tanto?" pode se tornar uma grande questão. Não estou dizendo que um cliente da Starbucks se sentiria satisfeito em um Dunkin' Donuts ou, deus me livre, em um McDonald's. Mas se eles tiverem um produto pelo menos quase tão bom, questionarão o valor dessas xícaras de café tão caras.

Ironicamente, Howard Schultz escreveu um memorando ao CEO em 2007 com o título: "The Commoditization of the Starbucks Experience" (A Comoditização da Experiência da Starbucks). Embora fosse sobre "aguar a experiência da Starbucks", acho que eles usaram a palavra certa ao escolherem "comoditização". Se o mercado não começar a ouvir que vale a pena pagar mais pelo café da Starbucks, poderá pensar que os cafés e leites estão virando mercadoria comum. O

McDonald's tem uma máquina incrível, parecida com a da Starbucks. Então por que eles deveriam pagar tanto pelo café de uma máquina da Starbucks? As máquinas não produzem, todas, um café quase igual? Não seria apenas uma questão de se ter uma boa máquina? Ei, então, eu mesmo posso comprar uma máquina cara e fazer café.

Veja o problema. A Starbucks esteve tão ocupada construindo lojas que não conseguiu construir a percepção de que o café deles é melhor e vale o quanto custa. Acho que eles têm uma história, mas não conseguiram contá-la com dramaticidade. Existe um velho axioma em marketing: "O que você anuncia, o que você vende e o que faz para ganhar dinheiro podem ser três coisas diferentes". Vou à Starbucks tomar café, e não para comprar CDs ou para ver um filme, ou comer. Por isso, o que eles deveriam anunciar é o café.

O que Howard Schultz precisa fazer é óbvio. Mas por não contarem a história do café deles, eles podem acabar transformando o produto em mercadoria comum. Agora ele precisa resolver isso, contando essa história.

Marketing com o Dinheiro dos Outros

Uma das coisas mais alardeadas pelo marketing é a oportunidade de ganhar mais dinheiro licenciando o nome da marca. Alguém o procura e lhe oferece um negócio irrecusável. Afinal, você está jogando com o dinheiro dos outros. Mas este também é um problema que sua marca terá por muito tempo.

Tudo começa, em muitos casos, com uma agência licenciadora que vai atrás de sua marca. Veja um exemplo real de um *web site*:

> Somos uma agência licenciadora da Pratt & Whitney Corporation. A Pratt está interessada em licenciar os direitos de produzir e comercializar produtos com o nome de marca Pratt & Whitney. Categorias que estamos discutindo com empresas incluem geradores de energia, ferramentas de aviação (ferramentas manuais, elétricas, com pressão de ar), acessórios para pilotos, soldadores, compressores de ar, lavadoras elétricas, rebocadores, suporte de motor, eletrônicos para aviação (fones de ouvido, GPS, rádios etc.). equipamentos elétricos para ambientes externos e pequenos motores. Se você estiver interessado em se tornar um licenciado da

Pratt & Whitney para capitalizar o reconhecimento mundial da marca Pratt & Whitney, por favor, entre em contato.

Lá vai você. Em vez de se concentrar em ser a nº 2 em motores a jato e conceber uma forma de competir com os motores a jato da GE, eles querem se tornar tudo o que podem imaginar e mais alguma coisa.

Não é um bom marketing, mas é o dinheiro dos outros.

"Os poderosos da moda colocarão seu nome em tudo", escreve Susan Chandler em um artigo sobre marcas, no Reino Unido.

"Designers de moda não se contentam mais em meramente vestir seus clientes. Querem mobiliar as casas de seus clientes, vestir seus filhos e criar o tom de batom que eles usam. O designer americano Ralph Lauren foi pioneiro na tendência da 'marca estilo de vida' na década de 1980, mas quase todo designer da lista A hoje, desde Giorgio Armani até Stella McCartney, tem seu nome em óculos de sol, joias, bolsas e perfumes."

"Aqueles que se dão bem ganham muito dinheiro. Mas criar extensões de linha é uma estratégia arriscada, que pode diluir o poder de uma marca se for aplicada em exagero. A Calvin Klein e a Bill Blass descobriram isso anos atrás quando assinaram muitos acordos de licenciamento que permitiam aos fabricantes colocar o nome deles em artigos baratos. A marca distintiva deles decaiu."

Pierre Cardin emprestou seu nome praticamente para tudo — à custa, dizem, de muita da sua credibilidade. Ele é conhecido em todo o mundo por sua tara por estampar seu nome em tudo, desde clubes de golfe a frigideiras, a binóculos e colchões ortopédicos. Enquanto a maioria dos designers se contenta com fragrâncias, acessórios e roupas íntimas, Cardin acumulou mais de 800 licenças em todo o mundo, e ganha direitos autorais sobre malas, cerâmica e até touca de cozinheiro Pierre Cardin. E quando adquiriu o famoso restaurante Maxim's em Paris, em 1981, divertiu-se com aquele nome, aplicando seu talento criativo a produtos Maxim, como flores e sardinhas. (Sim, sardinhas Pierre Cardin.) Um produto que você não encontrará mais é o vinho Pierre Cardin. As pessoas que experimentaram disseram: "Era um vinho bom, mas tinha um aroma perfumado".

Não é um bom marketing, mas é com o dinheiro dos outros.

Donald Trump é o atual rei do licenciamento sem sentido. Fez nome negociando acordos imobiliários preciosos, mas quando se trata de vender outros artigos, o magnata nem sempre tem o toque de Midas. Uma linha de roupas para golfe vendidas na Macy's foi descontinuada. E uma fragrância para homens lançada em 2004 com fanfarra e tudo, também vendida na Macy's, deixou de ser produzida. (Quem quer cheirar a Donald Trump?) Marty Brochstein, editor da *Licensing Letter*, colocou isso muito bem ao dizer: "Se eu fosse jogador de golfe, gostaria de comprar roupas usadas por quem, Tiger Woods ou Donald Trump?".

Acompanhar o desempenho da atividade comercial de Trump nem sempre é fácil porque os dados de vendas não são divulgados publicamente. Ironicamente, a área onde você pode medir o desempenho é o Trump Casinos. Eles têm decaído há algum tempo, enquanto estão perdendo muito dinheiro para muita gente.

Não é um bom marketing, mas é com o dinheiro dos outros.

Richard Branson é um tipo de Donald Trump com esteróides, quando se trata de licenciar a marca Virgin. Ele tem 50.000 pessoas trabalhando nas marcas Virgin em todo o mundo, em todos os tipos de negócio. (Um deles, a Virgin Cola, não existe mais.) Mas como os ingleses dizem: "Richard incomoda todo mundo". Na casa de Branson, no Reino Unido, seu império Virgin está sendo atacado por todos os lados, desde seus desentendimentos com Rupert Murdoch via satélite de TV até a perda de uma franquia da ferrovia que atravessa o país. Apesar de uma campanha publicitária feita pela atriz Uma Thurman, de Hollywood, a Virgin Media, criada a partir da ex-NTL, empresa de TV a cabo, está perdendo clientes e também está sujeita a uma aquisição do Carlyle Group, empresa de *private equity*[3], o que poderia ver o nome Virgin cair no abandono. (As ações também estão caindo.)

Enquanto isso, na América e na Ásia, Richard está lançando marcas Virgin de serviços aéreos com desconto. Por seu nome, ele recebe 20% de participação acionária e seus sócios empregam o capital. Só posso dizer boa sorte para esses sistemas de viação aérea com desconto.

Mas a exploração desse campo continua sendo com o dinheiro dos outros.

A fabricante de brinquedos Hasbro Inc. fechou acordo para licenciar sua marca Playskool para produtos de cuidados de bebês que incluem lenços e fraldas descartáveis, e as drogarias CVS começarão a

---

[3] Instituição que investe em empresas não listadas na bolsa, com o objetivo de alavancar o seu investimento. (N.T.)

vender esses produtos Playskool no outono em mais de 6.100 lojas nacionais. Uma fralda de brinquedo? Meu palpite é que esses produtos para bebês não vão se dar muito bem contra marcas como Pampers e Huggies.

Isso vai acabar um dia? Duvido. Como meu pai me disse: "Todo dia nasce um bobo, e dois para enganá-lo".

Você não Pode Sofisticar sua Marca

Alguns itens novos me chamaram a atenção recentemente.

Zale's, o rei das joias vendidas a preço médio no mercado, tentou ganhar um mercado mais sofisticado e vender joias mais caras. Teve pouco sucesso.

A Wrangler, uma marca que vende jeans de 15 dólares no Wal-Mart, tentou vender jeans de 190 dólares na Barney's. Eles tiveram pouco sucesso.

"E falando do Wal-Mart, recentemente eles lançaram uma ação de marketing para vender mercadorias de maior valor, de modo a conquistar clientes da Target. Eles terão pouco sucesso."

O que essas empresas não entendem é que é excepcionalmente difícil pegar uma marca bem estabelecida e aumentar o preço ou o valor dela. Profissionais do ramo automobilístico têm uma longa história de fracasso a esse respeito.

Como mencionado anteriormente, anos atrás a Cadillac tentou colocar o Allante, de 50.000 dólares, para competir com a Mercedes. Tiveram pouco sucesso.

Também mencionei que a Volkswagen tentou lançar o Phaeton, de 60.000 dólares, para competir com a Mercedes e a BMW. Sem sucesso. Eles já têm a marca Audi, então por que tentar e competir com eles? O que todas essas empresas não entendem é que não é o que você quer fazer, é o que seus clientes o deixarão fazer. Mas até mais importante que isso, é o que as percepções deles deixarão você fazer.

Como escrevi anteriormente, o apelo do Wal-Mart é o baixo preço, o oposto de alta qualidade. A Target oferece "produtos de massa com classe". As pessoas os veem ofertando produtos de lojas de departamento com bons designs e por um menor preço. Eles nunca confiarão nos produtos mais caros do Wal-Mart.

Como mencionei anteriormente, a história clássica de sucesso sobre sofisticação da marca (*upmarket*) é aquela da Toyota quando eles quiseram introduzir um carro de luxo. Ao contrário da Cadillac e da Volkswagen, eles evitaram a armadilha da percepção. O carro novo foi chamado de Lexus; eles montaram um novo modelo de revendedoras sofisticadas e disseram que uma revendedora Lexus não podia estar a menos de 10 milhas (16 quilômetros) de uma revendedora Toyota. Hoje, a marca Lexus é o carro de luxo líder da América. Acho que poucas pessoas não sabem que ele é fabricado pela Toyota. Mas a maioria acha que essas duas marcas são operações totalmente separadas. Isso é que é sucesso.

Vou explicar isso de outra forma. Para lidar com a explosão de produtos, as pessoas aprenderam a classificar produtos e marcas mentalmente. Talvez isso possa ser visualizado mais facilmente imaginando-se uma série de escadas. Cada degrau corresponde ao nome de uma marca. E cada escada diferente representa uma categoria diferente de produto.

Algumas escadas têm vários degraus. (Sete é o máximo.) Outras têm poucos, quando têm, porque há pouco interesse na categoria. (Caixões são um exemplo de uma categoria de escada sem degraus.)

Um concorrente que deseja aumentar sua participação no negócio deve desalojar a marca no degrau acima (uma tarefa que em geral é impossível) ou, de algum modo, relacionar sua marca com a posição da outra empresa.

No entanto, um número grande demais de empresas embarca em programas de marketing e propaganda como se a posição do concorrente não existisse. Anunciam seus produtos "no vácuo" e se desapontam quando as mensagens não surtem efeito.

Subir a escada mentalmente pode ser extremamente difícil se as marcas acima tiverem uma posição sólida e não for aplicada estratégia de alavancagem ou de posicionamento.

Um anunciante que deseja introduzir uma nova categoria de produto deve trazer uma nova escada.

O que não se pode fazer é tentar colocar seu nome de marca em duas escadas diferentes ao mesmo tempo. As pessoas simplesmente não conseguem separar as coisas desse modo. Por isso, a única saída é deixar a marca existente em sua escada mental e levar uma marca nova para aquela escada de uma categoria mais sofisticada.

O que está em jogo aqui é que uma vez que as pessoas estabelecem essas escadas, relutam em mudar seu modo de pensar. Dizem: "Eu sei o que você é e já o armazenei no lugar certo. Não faça confusão".

Há ainda o outro lado de tudo isso, porque você pode reduzir o preço e o valor de uma marca. Muitos anos atrás, o Cadillac foi desafiado por um carro chamado Packard. Então a Packard resolveu vender um Packard mais barato. Foi um sucesso estrondoso durante um ano. Mas esse era o jogo porque eles nunca mais conseguiram vender carros Packard caros. O "prestígio" ligado ao carro desapareceu, por isso o Cadillac voltou a ser a melhor opção do mercado. Você pode decair, mas não pode subir de novo.

Mas nada expressa melhor esse princípio de "não poder subir" do que os atuais esforços da Hyundai, fabricante coreana, e sua subsidiária Kia. As operações da empresa nos Estados Unidos passaram por mudanças na alta gerência durante três anos. O problema é que a direção coreana deseja ascender para a ponta inferior do negócio de carros de luxo e vender carros acima de 25.000 dólares. Os executivos norte-americanos disseram aos colegas em Seul que as duas marcas não são suficientemente fortes para ascender e vender nessa faixa de preços. Essas advertências têm sido ignoradas. Previsão: pouco sucesso em vendas e mais revirada de sua direção no futuro.

Esquizofrenia do Conglomerado

Um artigo interessante no *Wall Street Journal* tratou do que foi chamado "O Enigma dos Conglomerados". Era sobre propagandas direcionadas para investidores que exigem que "se desse cara a quem não tem".

Como uma Tyco, uma United Technologies ou mesmo uma General Electric consegue interessar investidores em uma empresa envolvida com vários negócios? Resposta: com enorme dificuldade. Uma análise melhor do problema inerente a esses tipos de programas é que se tenta anunciar um cliente com personalidade múltipla. E é extremamente difícil para um analista envolver-se com empresas esquizofrênicas. Como faço para avaliar todos esses diferentes negócios e fazer uma recomendação de comprar, reter ou mesmo de vender ações? Como um investidor faz isso? Você pode gostar de uma personalidade, mas detestar as outras. É tudo muito confuso.

Este tem sido um problema antigo que levou a América corporativa a agir de uma forma única. Primeiro, as empresas expandem e adquirem muitos negócios diversos. A diversificação é boa, mas então percebem não só que é difícil gerenciar todos esses diversos negócios e concorrentes, mas Wall Street não as entende. Em seguida, "contraem-se" e vendem todas as suas aquisições. Foco é bom. Wall Street entende isso — pelo menos por um tempo.

A razão que todas essas atividades de vendas de ações oferece é: "Temos que criar uma marca para a empresa-mãe". Outra favorita é expor a necessidade de "informar os investidores e analistas sobre nossas extensas operações ." Bem, a história comprovou que esses tipos de programas multimilionários raramente atendem às expectativas.

A verdadeira razão para tantos desses programas é o que eu chamo de "o problema do coquetel". Considere o seguinte: um CEO de uma grande corporação está conhecendo e cumprimentando pessoas em um evento elegante. Alguém lhe pergunta em que empresa ele ou ela trabalha. Ao dizer o nome da empresa e receber, no máximo, um olhar de espanto ou uma pergunta "o que você vende?", o CEO sente-se constrangido. Se a cena se repetir inúmeras vezes, pode confiar, em breve, a empresa começará a elaborar um programa "temos que lhe contar nossa história".

Odeio ser um estraga-prazeres, mas acho que a maioria desses programas é um desperdício. Uma empresa existe para gerar clientes para seus produtos e serviços, e não para vender ações. Se você conseguir clientes, é possível que as ações sejam vendidas.

Pense em uma de minhas empresas preferidas, a United Technologies. Trata-se de uma empresa com algumas das melhores marcas do mundo — Carrier Air Conditioning, Otis Elevator, motores para jatos Pratt & Whitney, helicópteros Sikorsky. Os negócios são bons e as ações deles estão bem acima, digamos, das da General Electric, mas não o suficiente para deixá-los satisfeitos. Por isso, estão lançando uma campanha corporativa de 20 milhões de dólares com a chamada: "Você pode ver tudo daqui". Não tenho certeza do que isso significa, mas quem estiver comprando qualquer uma de suas marcas pode não se preocupar tanto com a empresa-mãe. De fato, é o oposto. O que eles têm é um portfólio poderoso de especialistas. Carrier, Sikorsky e Otis praticamente inventaram a categoria de ar condicionado, helicópteros e elevadores. As pessoas os respeitam porque os veem como especialistas, e não como parte de um grande conglomerado. E você não quer alterar essas percepções, porque as pessoas percebem os especialistas como os melhores, porque se dedicam exclusivamente ao seu negócio.

Este é exatamente o problema da GE. Eles têm muitos negócios e todos com o mesmo nome. Isso os coloca na categoria generalista, e os generalistas tendem a perder para os especialistas no mercado. (Os pequenos especialistas em eletrodomésticos tiraram a GE do negócio.)

Mas acho que não sou contra toda propaganda corporativa. O que a United Technologies poderia fazer é produzir um programa em uma revista como a *Forbes* sobre "o poder dos especialistas". E por que cuidam deles e não os atrapalham. Esse tipo de programa os diferenciaria de todos os outros conglomerados. E se as pessoas ficarem impressionadas com essa estratégia de negócio, a United Technologies poderá até ver a alta de suas ações. Porque o que eles estão fazendo é exatamente o que deve ser feito para se dirigir uma empresa com vários negócios.

A Sears Pode Ser Salva?

A lendária marca de varejo da Sears está encrencada. Agora nas mãos do executivo de fundos de hedge Edward Lampert, eles anunciaram sua última guinada, que incluiu a saída do CEO. O plano de Lampert é reorganizar o varejo de 121 anos em unidades de negócio com "ampla autoridade para definir seu próprio futuro". Não sei ao certo o que isso significa, mas para mim parece um grande problema se as grandes marcas deles como a Kenmore e a Crafstman puderem cortar acordos com outros varejistas. Isso poderia ditar o fim da marca Sears, como temos visto durante todos esses anos. Em minha opinião, a Sears nunca perseguiu a única estratégia óbvia para eles. Em algum momento, eles se esqueceram do que fez a fama da Sears.

Não, não foi o catálogo. Esta seria a resposta correta várias gerações atrás. Em tempos modernos, a Sears foi uma das poucas varejistas, senão a única, que construiu marcas de verdade. As pessoas iam à Sears para comprar aparelhos Kenmore, ferramentas Crafstman, baterias DieHard, tinta Weatherbeater e pneus Roadhandler.

Uma vez lá, compravam outras coisas, como Levi's ou TVs Sony. Mas eram aquelas marcas, vendidas exclusivamente na Sears, que faziam a diferença.

Mas recentemente, a Sears não se empenhou muito na construção de marcas. Ao contrário — "Brand Central" falava sobre oferecer as marcas de todos (estratégia errada). E "Soft Side" não tinha marcas (estratégia errada).

Parece que a Sears não aprendeu uma das lições básicas de marketing. *Nunca se esqueça do que o tornou famoso.*

Uma vez que houve um hiato na construção da marca na Sears, parece óbvio que é necessário revitalizá-la e fortalecê-la. Como indicado anteriormente, eles deveriam tirar vantagem da liderança da Kenmore e da posição que esta tem como a família nº 1 de eletrodomésticos. Eles deveriam fazer o mesmo para a Craftsman, que é, de longe, a marca preferida de ferramentas nos Estados Unidos. Talvez seja hora de uma nova geração de baterias DieHard que demorem um pouco mais para acabar? Talvez as tintas Weatherbeater possam ser aprimoradas?

Se fizerem um bom trabalho com suas marcas, mais pessoas irão até a Sears. E se os designers melhorarem o *layout* da loja, as pessoas podem passar mais tempo comprando outras coisas.

E enquanto eles existirem, talvez devam investir em uma ou duas marcas novas. É interessante que eles fizeram isso quando compraram a linha de vestuário Land's End, embora ser uma marca de catálogo gere certa confusão. Certamente, poderiam lançar um pneu especial para caminhões em seu departamento automotivo. O que eu não faria é gastar muito dinheiro na marca Sears. Só lá você vai encontrar aquelas marcas "vendidas apenas na Sears". Se você permitir que essas marcas sejam vendidas em outros estabelecimentos, não terá estratégia diferenciadora para a Sears.

Com esse tipo de estratégia voltada para o futuro, a posição óbvia deles para a loja seria: *A casa das marcas preferidas da América*.

Outro problema que Edward Lampert enfrenta é o que fazer com a Kmart. Isso também requer uma solução óbvia: abandonar sua marca Kmart e converter as lojas em Sears. Tendo concorrentes como Wal-Mart, Target e J.C. Penney's, o futuro da Kmart nunca será brilhante. Talvez a marca de Martha Stewart ficasse melhor em uma loja Sears aprimorada do que em uma Kmart, que luta com dificuldades.

Dar uma guinada em uma marca problemática é difícil. Dar uma guinada em duas, na mesma categoria, é impossível.

Transformação Radical: A Imagem da América

No mundo de hoje, tão competitivo, os países estão se tornando marcas importantes, em termos de turismo e negócios, e não são necessárias tantas viagens pelo mundo para perceber problemas na Marca América. Se você estiver interessado em números, a imagem da América apresenta queda acentuada geral. Isso não é boa coisa em um mundo que está sendo direcionado para a economia global. Quer você esteja vendendo aviões, computadores, usinas de energia ou automóveis, não ajuda muito quando as pessoas não apreciam o país de origem. Isso dá uma vantagem emocional aos seus concorrentes globais.

Ninguém reconhece isso mais do que a força de vendas da marca América, ou seja, o governo americano.

Anos atrás, me pediram para desenvolver um programa de marketing para ajudar autoridades diplomáticas a vender melhor a América, seus produtos e seus esforços para a comunidade mundial. É algo que o país está precisando muito. O problema óbvio era que o único conceito ligado aos Estados Unidos é: "A última superpotência mundial". O que essa expressão faz é nos retratar como os valentões do mundo. E algumas políticas e mensagem da administração só reforçaram essa percepção. Na China, por exemplo, a mídia costuma se referir à América como a polícia global.

Chegar a um conceito melhor de marketing foi bem simples. Levar à comunidade mundial um programa que oferecia mais benefícios e não ameaças. A estratégia óbvia seria fazer o ex-Presidente Bush dizer ao mundo que estamos mudando de uma visão própria para uma visão nova do mundo, expressa como: "Ajudando o mundo a ser um lugar mais seguro, livre e mais próspero". É o que todos querem e podemos ajudar a oferecer esses benefícios. Uma observação simples, mas pertinente, sobre por que essa abordagem deveria funcionar. Vem de Thomas Friedman, colunista de *New York Times*, que escreveu: "Se você transmitir às pessoas que realmente quer que elas sejam bem-sucedidas, elas aceitarão as críticas. Se você transmitir a ideia de que você realmente as despreza, pode lhes dizer que o sol está brilhando e elas não lhe darão ouvidos".

Cheguei a mostrar às autoridades diplomáticas como deveriam usar essa estratégia para ajudar a vender as políticas públicas. O mapa para a paz no conflito Palestina/Israel tem a ver com segurança. Reconstruir o Afeganistão relaciona-se à prosperidade, bem como apoiar o ingresso da Turquia na União Europeia. Defender os direitos da mulher no Oriente Médio e os jovens no Irã diz respeito à liberdade. Toda política básica que mereça ser aplicada poderia ser apoiada por esse conceito abrangente.

É interessante que muitos programas do governo já estavam sendo encaminhados nessa direção. Em termos de segurança, por exemplo, a diplomacia pública dos Estados Unidos trouxe especialistas em solução de conflitos para trabalharem com pessoas e darem a elas treinamento em técnicas para prevenir a violência na África do Sul. Em termos de prosperidade, um sistema jurídico falho espanta os investidores. A diplomacia pública prestou assistência ao Chile na promoção da reforma judicial e de um sistema legal transparente. Eles se tornaram uma das economias mais prósperas da América do Sul.

Há quem argumente contra essa ideia. Por que o mundo seria problema nosso? Por que tornar o mundo melhor? As razões são óbvias. De um ponto de vista empresarial, um mundo mais organizado diminuirá nossas despesas enormes com segurança e defesa. Expandirá nossa renda através do comércio e, assim, aumentará nosso emprego. Em outras palavras, é bom para os negócios e bom para a América.

Infelizmente, como adverti o Governo, para vender uma estratégia é preciso ter as pessoas certas na sala. Como você viu em um capítulo anterior, o CEO precisa estar envolvido. Mas naquele tempo, os dirigentes dos Estados Unidos estavam preocupados em invadir o Iraque, e não em melhorar a imagem da nação.

Para seguir a lei dos recursos, eles também teriam que aumentar nossas iniciativas e investimentos em diplomacia. Deixamos essa função decair acentuadamente em anos recentes. Um ex-ministro das relações exteriores da Rússia fez uma observação importante: "A América é como uma grande empresa que decidiu que não precisa de um departamento de RP. Todo negócio precisa de RP. Até mesmo um monopólio precisa de RP".

Minha única preocupação é se eles venderão a coisa certa. "Democracia", por melhor que nos pareça, não é o que todo mundo quer. (Por exemplo, tente vender essa ideia na China.) O que as pessoas querem são os benefícios de uma boa democracia: segurança, liberdade e prosperidade. E dos três, minha aposta é que a prosperidade seria a mais desejada. Esta seria uma boa escolha visto que, em minhas estimativas, é a melhor arma na guerra contra o terrorismo. Atividades terroristas são ruins para os negócios.

Desfazer o Marketing das Drogas

Reduzir o uso de drogas na América tem sido o programa de marketing mais longo e malsucedido da História. Anteriormente, escrevi sobre "reposicionar a concorrência". Bem, vamos aplicar essa estratégia na chamada "guerra contra drogas", na tentativa de sugerir uma abordagem melhor.

Milhões de americanos querem consumir drogas e apontamos repetidamente a dificuldade de tentar mudar a mente das pessoas.

Como se "reduz a demanda" por drogas? A estratégia óbvia é encontrar uma maneira de atrelar uma ideia bastante negativa ao uso delas. Isto significa que é necessário ter uma estratégia de reposicionamento.

Pense em termos de marketing. Você acaba de receber uma ligação do novo presidente. Chefiará um programa de comunicações patrocinado pelo novo governo para substituir um programa medíocre que tem tido pouco impacto na redução da demanda.

Obviamente, algumas mudanças devem ser feitas para que se tenha progresso. E o progresso é extremamente necessário. Depois de anos de esforço e bilhões de dólares gastos para que se cumpra a lei, parece haver apenas uma forma, no longo prazo, de diminuir o uso e a venda de drogas na América: você precisa encontrar uma maneira de diminuir a demanda.

Diminuir a oferta só aumenta o preço e o potencial de lucro para os fornecedores que desejam assumir os riscos. Uma vez que o custo do produto é tão baixo e o retorno é tão alto, a experiência mostra que não há maneira efetiva de forçar os fornecedores de drogas ilegais a interromper essa atividade que não seja a legalização das drogas.

Para cada ponto de tráfico que é fechado, abrirão mais dois. Por isso, a questão é: "Qual é a estratégia?".

Vamos começar com um monitoramento rápido das tendências no uso de drogas. Como em qualquer problema, nem sempre é preciso se concentrar no produto. Tenta-se ter uma noção de toda a categoria. Chamamos isso de contexto do mercado.

Neste caso, fumar cigarros oferece paralelos importantes quando se procura a resposta ao problema do consumo de drogas. Como as drogas, os cigarros introduzem uma substância estranha no corpo. Elas podem causar dependência e é praticamente indiscutível que fazem mal. De fato, relatos indicam que mata 50 vezes mais americanos que as drogas.

As principais diferenças entre cigarros e drogas são que os primeiros são legais e uma importante fonte de receita para o governo. Como resultado, praticamente todos sabem que fazem mal. No entanto, as vendas de cigarros, embora estejam decaindo, não têm mostrado um declínio acentuado. (Hoje, os cigarros matam apenas 45 vezes mais americanos que as drogas.)

Parece que a abordagem educacional que apresenta os prejuízos à saúde decorrentes do fumo não supera o aprimoramento da imagem que as fabricantes de cigarros prometem em sua propaganda. A eliminação da propaganda de cigarros nos meios de comunicação tem afetado a capacidade do setor de lançar novas marcas, mas a mensagem ainda passa por um amplo grupo de mídias ainda disponíveis aos anunciantes de cigarros.

Com base na lição aprendida com os cigarros, provavelmente é possível supor que uma abordagem educacional do que "é ruim para você" pode não ser uma boa tática para reduzir acentuadamente a demanda, se as drogas continuarem a ser percebidas como "in", ou algo legal. O mesmo pode ser dito para o esforço de 500 milhões de dólares da indústria publicitária que na maior parte também diz "é ruim para você" de inúmeras formas diferentes.

O que o acompanhamento da experiência com cigarros mostra é que a tradicional abordagem "de cima para baixo", de dizer às pessoas o que é ruim para elas, raramente funciona. Em outras palavras, é hora de lutar em outra frente.

O que parece ser uma forte influência no consumo de um produto é sua mensagem social. (Antes da Segunda Guerra Mundial, todo astro em um filme de Hollywood fumava. Hoje, há pouca fumaça nos filmes.)

Essa percepção clara oferece uma oportunidade. Ao contrário dos fabricantes de cigarros, os produtores e vendedores de drogas não podem usar a propaganda para promover uma imagem "boa" para suas drogas. Por outro lado, o governo pode usar a propaganda para que o uso das drogas seja cada vez menos aceito.

Se a América agir como o esperado, isso reduzirá acentuadamente a demanda. Quando um produto está "por fora" na América, não vende. Agora, você tem que tomar uma decisão importante: Que conceito você pode usar para começar a tornar as drogas algo fora de moda?

Quando a situação é estudada, uma ideia óbvia que pode ser empregada como estratégia de reposicionamento salta aos olhos. Tem sido amplamente demonstrado que o caminho das drogas é um caminho sem volta. Os altamente dependentes de drogas correm o risco de perder o emprego, os amigos, as famílias, a auto-estima, a liberdade e, eventualmente, a vida.

A ideia consiste de um jogo simples de palavras que pode combater os traficantes de duas maneiras: apontando para as coisas ruins que as drogas podem lhe fazer enquanto estas são apresentadas no contexto de uma imagem social.

A ideia óbvia: *Drogas são para os perdedores.*

Se a percepção de que as drogas são para os perdedores puder se afirmar, pode-se dar um golpe fatal na demanda. Se existe algo que a América despreza, é um perdedor. Os oprimidos são aceitáveis, mas o que a América admira são os vencedores, e todos aspiram a vencer.

Agora é hora de se transformar a ideia de reposicionamento em uma estratégia nacional, imaginando quem deveria transmitir essa mensagem para a América. A escolha natural é que os ex-usuários de drogas ou parentes de usuários contem suas histórias tristes e comoventes. O meio natural é a televisão com seu impacto emocional e pessoal.

Celebridades e jogadores famosos cujos problemas com drogas ficaram conhecidos publicamente poderiam ser convidados a participar desse programa. Por exemplo, Denny McLain, ex-jogador de beisebol, falando sobre como foi preso e perdeu sua liberdade, a esposa de John Belushi falando sobre como seu marido perdeu a vida ou um membro da família discutindo a morte de River Phoenix.

No final de cada comercial, a pessoa olharia para a câmera e diria: "Drogas são para perdedores". À medida que mais pessoas famosas ou infames transmitirem essa mensagem, a América começará a ver que as drogas a põem para baixo, e não para cima.

Quando isso acontecer, a demanda por drogas começará a diminuir e o negócio de drogas se tornará muito menos lucrativo. Isso tende a fazer o crime organizado pensar duas vezes na relação risco/retorno no comércio das drogas.

A Marca China na Encruzilhada

Em uma visita recente à China, tive a noção de que o país é uma máquina de fabricar funcionando em alta velocidade, e que precisa de uma mudança óbvia de curso para evitar um caminho muito acidentado pela frente.

Construída como uma máquina de baixo custo direcionada para o mercado OEM[4*], a China é, realmente, a oficina do mundo. Mas o crescimento explosivo veio a um preço alto. Há grandes problemas de poluição ambiental decorrente das fábricas e falta de energia. Há problemas de controle de qualidade que estão levando muitos clientes a repensar a China como um fornecedor confiável. Há questões de "responsabilidade social" que têm levado o governo a forçar os empreendedores a pagar salários mais altos. O crescimento gerenciado e mais controles são esperados no futuro.

Mas existe uma dificuldade: todos esses problemas só irão aumentar os custos de manufatura da China. Isso, por sua vez, forçará os fabricantes na China a mudarem a produção para áreas de custo mais baixo no país ou a se mudarem para lugares como o Vietnã. Por existir sempre alguém que faça por menos, se você viver apenas de custo baixo, morrerá devido ao custo baixo.

A China deve considerar seguir o que pode ser chamado de "Via Expressa de *Branding*". Isso permitirá aos chineses começarem a construir marcas locais e internacionais que ofereçam mais do que o preço baixo justo. Em outras palavras, em vez de fabricar produtos para ter-

---

[4] Original Equipments Manufacturing, em português, Fabricantes de Equipamentos Originais – produtos vendidos para outras empresas e que não são comercializados diretamente aos consumidores finais. (N. T.)

ceiros, eles os fabricariam para si. Mas essa via também os leva para as terras da concorrência intensa.

Internacionalmente, eles enfrentarão empresas que competem há anos em mercados no mundo todo. Se cometerem erros, essas empresas acabarão com eles. Em âmbito local, terão muitos concorrentes que só estão dispostos a reduzir preços.

Veja a atual guerra de preços dos automóveis na China. Existem 19 marcas com menos de 1% de participação de mercado. Esta é uma receita para não se obter lucro.

Peter Drucker, o pai da consultoria gerencial, certa vez advertiu que apenas duas funções comerciais produzem novos clientes: marketing e inovação. Todas as demais funções são despesas. Isso significa que as empresas chinesas precisam aprender sobre marketing. Terão de aprender sobre *posicionamento* ou como vencer batalhas na mente de um cliente, existente ou potencial. Terão que aprender sobre *marketing de guerrilha* ou como lidar com a concorrência. Terão que aprender sobre *diferenciação* ou como imaginar o que os diferencia dos concorrentes. Mas, acima de tudo, terão de entender que o que conta não é apenas o preço baixo, mas agregar valor ou criar a razão para um produto valer um pouco mais do que os produtos concorrentes.

Considere a cerveja Tsingtao, uma marca chinesa de 104 anos que enfrenta cada vez mais a concorrência de marcas internacionais. O que as diferencia é o fato de que os alemães construíram a cervejaria original. Obviamente, elas são a "Cerveja Chinesa Alemã", o que as torna muito diferentes e muito boas. Afinal, o mundo todo sabe que a cerveja alemã é a melhor. Para competir, a Tsingtao deve assegurar que todos conheçam sua origem alemã.

Muitas dessas razões diferenciadoras são encontradas em pesquisa e desenvolvimento, o que me traz à *inovação*. Na América, o Vale do Silício é a incubadora da inovação ou de novas ideias. Na Índia, você encontrará esse tipo de atividade em Bangalore. Onde fica o Vale do Silício da China? Inovação significa muita gente inteligente pensando em novas ideias, estimulantes. E esses tipos de pessoas gostam de trabalhar em uma área que tenha outras pessoas inteligentes pensando em novas ideias. Mas toda essa atividade custa dinheiro. E se você vende seus produtos o mais barato possível, terá pouco para investir em pesquisa e desenvolvimento, e poderá arcar menos ainda com o custo do marketing necessário para vender suas inovações.

Veja a Mindray Medical International, uma fabricante de equipamentos médicos. Eles colocaram de lado uma boa parte dos lucros para pesquisa e desenvolvimento. Agora exportam equipamentos para ultrassom e exame de sangue para 140 países. Esta é a via para o sucesso.

Algumas empresas chinesas estão comprando marcas chinesas não estabelecidas de diferentes lugares do mundo todo. Essa pode ser uma boa estratégia, contudo, o que com freqüência está disponível não são as marcas vencedoras, mas os azarões que alguém quer descarregar. Logo, eles se deparam com a tarefa de como transformar um perdedor em um vencedor. Não é fácil conseguir isso para pessoas que não tiveram capacitação em marketing.

Veja a Lenovo, que comprou a marca IBM de computadores pessoais e mudou-a de nome. Agora eles enfrentam a HP, Dell, Apple e ACER (que comprou a marca Gateway). Será preciso muita inovação e marketing para ter sucesso contra esse tipo de concorrência.

A transição de uma economia manufatureira para uma direcionada para o mercado não será fácil nem rápida. Mas é um caminho óbvio que deve ser seguido se a China quiser evitar grandes buracos pela frente.

CAPÍTULO
10

O Futuro Nunca É Óbvio

Deve-se buscar o óbvio hoje, e não amanhã. Não se pode prever o futuro e nunca se deverá tentar. Hoje é hoje. Amanhã é amanhã.

Má Previsão do Futuro

Alguns dos erros mais onerosos nos negócios podem ser atribuídos a empresas que tentam prever o futuro. A História está repleta de más previsões em todos os aspectos da vida. Aqui estão apenas algumas. São extraídas de um livro intitulado *Bad Predictions* (Más Previsões), escrito por Laura Lee.

Howard Rheingold, autor de *Excursions to the Far Side of the Mind*, tem uma visão diferente de sexo neste século. "Os homens do ano 2000 poderiam aproveitar extras exóticos como lóbulos da orelha orgásmicos, órgãos sexuais substituíveis, relação sexual ultrassensorial e uma série de opções de êxtase que levam as taras a um novo nível." Desculpe, Howard, sexo continua sendo aquela mesma coisa desinteressante.

Laura Lee citou um artigo da *BusinessWeek*, de 1979, que dizia: "Com mais de 50 carros estrangeiros já à venda aqui, é improvável que a indústria automobilística japonesa consiga uma grande fatia do mercado". John Foster Dulles, em 1954, disse: "Os japoneses não fazem nada que agradaria aos norte-americanos". Desculpe, os japoneses estão acabando com a gente.

Em 1974, o U.S. Forest Service publicou um estudo em "Future Leisure Environments". Previa que, em 1989, as aeronaves particulares seriam proibidas de entrar nos aeroportos metropolitanos e somente veículos não poluentes poderiam trafegar nas ruas. Bom que fosse verdade. Desculpe, ainda quero meu caminhão e meu Gulfstream[1*].

Em 1964, George Baku, catedrático de Harvard, previu em um artigo na *New Scientist* que: "As mudanças mais radicais em produtos incluirão inovações como casas de plástico, lavadoras de pratos ultrassônicas, vias expressas eletrônicas e trens automatizados". Desculpe, George, ninguém quer uma casa de plástico e os trens e vias expressas só mudaram para pior.

O *chairman* da Coca-Cola, Roberto Goizueta, previu em 1985 que a New Coke seria "o lançamento mais importante em refrigerantes na história da empresa... A iniciativa mais acertada tomada até agora". Bem, Roberto, acabou sendo a maior bomba na história da Coca.

Roger Smith, *chairman* da General Motors, previu em 1986 que "na virada deste século, o papel não existirá mais em nossa sociedade". Roger, infelizmente, muitas coisas deram errado.

Alfred L. Malabre, do *Wall Street Journal*, previu em 1966 que "o funcionário altamente produtivo de 2000 trabalhará apenas 37 horas, ou três quartos do número de horas semanais trabalhadas atualmente". Alfred, eu diria que hoje em dia os empregos estão mantendo uma carga horária idêntica.

Não é preciso dizer mais nada. Está claro que não se pode prever o futuro e, na tentativa, as chances de errar são grandes. Por isso, deve-se buscar a estratégia óbvia com base no que está acontecendo hoje.

Três fatores tornam a previsão difícil, senão impossível. A primeira delas é a tecnologia. Invenções não cogitadas podem mudar rapidamente o *status quo*. Duas semanas antes de seu voo histórico, Wilbur Wright disse ao irmão Orville: "O homem não voará durante 50 anos". Em seguida, vem a condição humana. Os hábitos das pessoas mudam muito lentamente, e é por isso que o futuro se parece, com muita frequência, com o passado. Finalmente, a concorrência pode se materializar com novas ideias que desbancam as ideias antigas.

Infelizmente, muitas ideias óbvias promissoras tropeçam no futuro.

---

[1] Sofisticada aeronave executiva bimotor a jato de médio-porte e alcance intercontinental, com capacidade para transportar aproximadamente quinze pessoas. (N.T.)

Em outras palavras, embora os dirigentes de uma empresa vejam o valor atual e futuro de uma estratégia para seu negócio, eles não estão certos de que ela será válida no futuro. Querem uma ideia que seja capaz de acomodar certo plano futuro, ainda não formulado.

Certa vez, em uma sala repleta de executivos técnicos da Xerox, eu estava falando sobre o futuro da impressora a *laser* como um grande negócio. A "lasografia" viria como um passo depois da "xerografia".

Após a apresentação, alguns engenheiros se levantaram e disseram que a impressora a *laser* já era coisa do passado. Eles trabalharam nela durante muitos anos. O que precisavam era de uma ideia que abrangesse o presente e o futuro. Quando eu perguntei educadamente o que o futuro guardava, eles anunciaram orgulhosos "deposição de íon".

Só pude dizer: "Vamos fazer lasografia hoje e, quando vocês estiverem prontos, poderão falar em ionografia". (Este comentário só me fez passar por um tolo, metido a sabichão. Nada de vendas.)

Encontrar o sucesso hoje deve ser sua primeira preocupação. Se você fizer isso, suas chances de ganhar dinheiro para gastar amanhã aumentarão bastante.

Uma observação que ouço muito é: "Não quero me restringir a um nicho. Quero manter abertas minhas opções para o futuro".

Pode acreditar, se você não for um nicho na mente do cliente, suas opções no futuro serão bastante limitadas. Meu conselho a todos aqueles que se preocupam com o futuro é simples e óbvio. Hoje é hoje. Amanhã é amanhã. Você não pode planejar de modo que hoje se pareça com o amanhã.

E acredite, já é bastante difícil resolver os problemas de hoje.

EPÍLOGO

No Coração da Busca Está o Conceito da Simplicidade

Ao longo dos anos, ser chamado de "simples" nunca foi algo bom. E ser chamado de "mente simples" era claramente negativo. Significava que você era um tolo, crédulo ou pouco inteligente. Não é de se admirar que as pessoas temam ser simples.

Eu chamo isso de a *maldição do Simon Simples*.

Quando os psicólogos são indagados sobre esse medo, dão uma resposta um pouco mais complexa. (O que não é surpreendente.) O psicólogo John Collard, do Institute of Human Relations em Yale University, descreveu sete tipos de medos comuns e todos nós temos alguns deles:

1. Medo do fracasso.
2. Medo de sexo.
3. Medo de autodefesa.
4. Medo de confiar nos outros.
5. Medo de pensar.
6. Medo de falar.
7. Medo de estar só.

Parece que não ser simples — ou não buscar soluções simples — vem do número 5, medo de pensar.

O problema é que, em vez de pensar coisas para nós mesmos, contamos com o pensamento dos outros. (É por isso que o negócio de consultoria gerencial no mundo todo está muito acima de 200 bilhões de dólares.)

Diz Dr. Collard: "Não só é porque pensar é um trabalho difícil, mas muitas pessoas temem a atividade em si. São dóceis, obedientes e seguem facilmente as sugestões que lhes são dadas porque isso lhes poupa o trabalho de pensar por si mesmas. Elas se tornam dependentes dos outros para o trabalho intelectual, e fogem à procura de um protetor, quando estão com dificuldades".

Susan Jacoby escreveu um livro assustador intitulado *The Age of American Unreason* (A Era da Não-Razão Americana). Nele, ela escreve que "nosso país deixou de pensar e agora adoeceu, com uma mutação poderosa que aglutina ignorância, antirracionalismo e anti-intelectualismo".

Esse medo de pensar está tendo um impacto profundo no ramo das notícias. Há quem indague se o jornalismo terá futuro.

O colunista Richard Reeves sugere que "o fim das notícias" pode estar próximo. A avalanche de notícias sobre as rápidas mudanças da vida moderna está afastando as pessoas. Públicos "não querem histórias complicadas e emocionalmente complexas que os lembrem de suas próprias frustrações e impotência".

Reeves provavelmente está certo sobre a crescente fuga da complexidade. As pessoas não querem pensar.

É por isso que a simplicidade tem tanta força. Ao supersimplificar uma questão complexa, você está facilitando uma decisão às pessoas, sem precisarem pensar tanto. Considere o complexo julgamento de O. J. Simpson e como Johnnie Cochran coloca a essência de seu argumento em uma frase memorável: "Se [a luva] não servir, é preciso absolver".

"Torne seus escândalos complexos e poderá evitar ser condenado", diz a palestrante Peggy Noonan referindo-se a Whitewater, que, ao contrário de Watergate, não tinha uma história captada com a facilidade desejada pelas pessoas.

Mas a psicóloga Carel Moog aborda o problema enfatizando uma vantagem. Ela afirma que em nossa cultura há uma "paranoia da omissão". Há uma noção de que você precisa cobrir todas as suas opções porque poderia ser atacado a qualquer momento. Você não pode perder nada ou isso poderia ser fatal para sua carreira.

Em outras palavras, se você só tiver uma ideia e essa ideia fracassar, não tem rede de segurança. E como somos direcionados para o sucesso, isso amplia o medo número um, "medo do fracasso".

Você se sente nu com uma ideia simples. Uma variedade de ideias permite a uma pessoa jogar com segurança.

Nossa educação geral, e a maior parte do treinamento gerencial, nos ensina a lidar com todas as variáveis, buscar todas as opções e analisar todos os ângulos. Isso gera uma complexidade enlouquecedora. E os mais inteligentes produzem as propostas e recomendações mais complexas.

Infelizmente, quando se começa a se deter em todos os tipos de soluções diferentes, se está a caminho do caos. Acaba em ideias contraditórias e pessoas correndo em direções diferentes. A simplicidade requer que você estreite as opções e volte para um único caminho.

A melhor forma de lidar com esses medos naturais é concentrar-se no problema. É análogo a um dançarino de balé que evita ficar tonto ao dar uma pirueta. O truque é focar em um objeto no público toda vez que sua cabeça gira.

Não é necessário dizer que é preciso reconhecer o problema certo para focar.

Se você for a Volvo, o problema no qual deverá se concentrar é como manter sua liderança no conceito de "segurança" à medida que os outros tentam se apoderar de sua ideia.

Isto é bastante óbvio.

Se você for a Starbucks, o problema em que deverá se concentrar é como convencer seus clientes de que seu café vale o quanto custa.

Isto é bastante óbvio.

Se você for um jornal, o problema em que deverá se concentrar é por que as pessoas deveriam lê-lo e não obter as notícias ou informações em outro meio.

Isto é bastante óbvio.

Se você é um conglomerado, o problema é desenvolver um portfólio de marcas poderosas ou as pessoas não saberão o que você é.

Isto é bastante óbvio.

Então é isso. Se você estiver disposto a usar seu bom senso e manter as coisas simples, deverá ser capaz de alcançar essa solução óbvia.

Se você não conseguir fazer essas coisas, encontre alguém para ajudá-lo, alguém que consiga.

Eu gostaria de terminar com uma história que ainda não contei. Há vários anos, eu estava em uma reunião na IBM sobre sua imagem corporativa. O problema deles era uma reputação construída em torno da computação de *mainframes*, um conceito que estava se tornando obsoleto com o aumento dos computadores pessoais. Minha recomendação foi óbvia. Uma vez que só a IBM tinha a tecnologia de base em todos os aspectos da computação, fazia sentido que eles estivessem na melhor posição para ajudar os clientes a juntar as peças de um sistema de computação. O conceito que substituiria o *mainframe*: computação integrada.

A reunião foi interrompida e eu nunca descobri onde foi parar essa recomendação. O que eu sei é que, nos anos seguintes, a IBM executou a ideia na sua unidade de serviços de informática, o que salvou a empresa e fez do chefe daquela divisão, Sam Palmisano, o atual CEO.

Este é o exemplo mais visível que conheço sobre o poder de uma ideia óbvia.

BIBLIOGRAFIA

Abrahams, Jeffrey. *The Mission Statement Book.* Berkeley, CA: Ten Speed Press, 1995.
Adams, Walter, e James W. Brock. *The Bigness Complex.* Stanford, CA: Stanford University Press, 1986.
Andrew, Ferguson. "Now They Want Your Kids", *Time*, 29 de setembro de 1997.
Bullmore, Jeremy. *Marketing Magazine.*
Collins, James e Jerry Porras. *Built to Last.* Nova York: HarperCollins, 1994.
Covey, Stephen. *The 7 Habits of Highly Effective Families.* Nova York: Free Press, 1989.
Drucker, Peter. *The Essential Drucker.* Nova York: Harper-Collins, 2001.
Drucker, Peter. *Seeing Things as They Really Are.* Nova York: Forbes, 1997.
Friedman, Thomas, L. "Tone It Down a Notch…" *New York Times*, 2 de outubro de 2002.
Gladwell, Malcolm. *The Tipping Point.* Boston: Little, Brown & Co., 2000.
Hammer, Michael. *The Reengineering Revolution.* Cambridge, MA: Hammer and Co., 1948.
Hammer, Michael, e Steve A. Stanton. *The Reengineering Revolution.* 2ª ed. Nova York: HarperCollins, 1995.
Helm, Burt. "Which Ads Don't Get Skipped?" *BusinessWeek*, 3 de setembro de 2007.
Hoffman, Bob. *The Ad Contrarian.* San Francisco: Author, 2007.
Jacoby, Susan. *The Age of American Unreason.* Nova York: Random House, 2008.
Kim, W. Chan., *Blue Ocean Strategy.* Boston: Harvard Business School Publishing, 2005.

Lee, Laura, *Bad Predictions*. Rochester Hills, MI: Elsewhere Press, 2000.

Mintzberg, Henry, "Musing on Management". *Harvard Business Review*, julho-agosto, 1996.

Nocera, Joe. "The Case of the Subpar Smartphone". *New York Times*, 8 de setembro de 2007.

Osborn, Alex F. *Applied Imagination*. Nova York: Charles Scribner & Sons, 1955.

Penn, Mark. *Microtrends*. New York: Twelve, 2007.

Peter, Lawrence J., e Raymond Hull. *The Peter Principle*. Nova York: William Morrow, 1979.

Peters, Tom. *In Search of Excellence*. Nova York: HarperCollins, 1982.

Petty, Richard, e John Cacioppo. *Attitude and Persuasion*. Boulder, CO: Westview Press, 1996.

Porter, Michael E. *On Competition*. Boston: Harvard Business School Publishing, 1979.

Rheingold, Howard. *Excursions to the Far Side of the Mind*. Nova York: Beech Tree Books, 1989.

Ries, Al, e Jack Trout. *Marketing Warfare*. Nova York: McGraw-Hill, 1986.

Ries, Al, e Jack Trout. *Marketing Warfare*. Edição de 20º aniversário. Nova York: McGraw-Hill, 2000.

Ries, Al, e Jack Trout. *Positioning: The Battle for Your Mind*. Nova York: McGraw-Hill, 1981.

Ries, Al, e Jack Trout. *The 22 Immutable Laws of Marketing*. Nova York: HarperCollins, 1993.

Roberts, Kevin. *Lovemarks: The Future Beyond Brands*. Brooklyn, NY: powerHouse Books, 2004.

Shenk, David, *Data Smog*. Nova York: HarperOne, 1997.

Trout, Jack. *Big Brands. Big Trouble*. Nova York: John Wiley & Sons, 2001.

Trout, Jack, com Steve Rivkin. *Differentiate of Die*. Nova York: John Wiley & Sons, 2000.

Trout, Jack, com Steve Rivkin. *Differentiate or Die*. 2ª ed. Hoboken, NJ: John Wiley & Sons, 2008.

Trout, Jack, com Steve Rivkin. *The New Positioning*. Nova York: McGraw-Hill, 1996.

Updegraff, Robert R. *Obvious Adams: The Story of a Sucessful Businessman*. Louisville, KY: Updegraff Press, 1953.

ÍNDICE

3M Company, 88

A

A&M Pet Products, 147
Absolut Vodka, 87
Acura, 155
Adaptando ideias, 119
Advertising Age, 96-97
AFLAC, 65
Alka-Seltzer, 65
Alvo comportamental, 50-51
American Airlines, 87
American Express, 63
American Motors, 137
Ângulo mental competitivo, 82
Anheuser-Busch, 51, 54, 70, 163
Apple Computer, 73-74, 147
Aquafina, 84
Arm & Hammer, 120
Armadilha da criatividade na propaganda, 62-67
Armadilha de tudo para todos, 153-155
Armário do futuro, 23
Arrogância, 128
Association of Advertising, 84
AT&T, 62, 73, 121
Attitudes and Persuasion (Petty e Cacioppo), 91
Automóveis Saturn, 108, 120
Avis, 63, 88, 103

B

Bad Predictions (Lee), 183-184
Baku, George, 184
Bancos, 51, 64
Baterias DieHard, 92, 172
Bernbach, Bill, 85
BIC, 71, 105
Blackberry, 74
Block, Ryan, 73
Blue Moon Brewing Co., 163
BMW, 52, 62, 68, 72, 101, 108
Boar's Head, 85
Boeing, 78, 111-112
Bom senso, 24-27, 37
Bowflex, 59
Brabeck, Peter, 69
Branding (construção da marca):
 definição, 92
 forças internas que desembaraçam, 93-94
 ideia diferenciadora e, 51-52, 92-93
 nomes de marca, 91-93
 sacrifício e, 95-96
Branson, Richard, 167
Bryant, Kobe, 161
Budweiser, 51, 115, 157, 162-163
Buffett, Warren, 157
Buick, 74, 108, 136, 142-143, 151-152, 160
Built to Last (Collins e Porras), 78
Bullmore, Jeremy, 110
Burger King, 49, 102, 144
Bush, George W., 101, 108

C

Cacioppo, John, 91
Cadillac:
 esquizofrenia da marca, 151
 Lei da Divisão, 134-137
 liderança, 116-118
 modelos, 24-25, 94
 sofisticação, 169
Campanhas baseadas na Web, 54-55
 marketing boca-a-boca, 46-50
 quando ninguém está no comando, 96-97
Canon, 123
Cantalupo, Jim, 34

Capacidade social, 125
Cardin, Pierre, 166
Carnegie, Dale, 120
Carrier Air Conditioning, 171
Carros Packard, 170
Cartões de crédito, 51, 56
Catálogos, 97
CBS, 87, 135
Celebridades, 159-161
CEOs (diretores executivos), 29-32
Cerveja Antarctica, 113-114
Cerveja Brahma, 113-115
Cerveja Corona, 54
Cerveja Miller, 157, 162
Cerveja Tsingtao, 180
Chandler, Susan, 166
Chauvinismo visual, 131
Cheerios, 106
Chevrolet:
    esquizofrenia da marca, 151
    Lei da Divisão, 134-137
    Lei da Singularidade, 141-143
    liderança nas vendas, 114
    percepção do cliente, 24-25
China, 179-181
Chrysler, 71, 115, 142
CIA, 111
Cinismo, 27
Cirque Du Soleil, 120
Citigroup, 124
Clientes:
    consciência versus comportamento, 38
    estudos sobre satisfação, 38
    resistência à mudança, 88-91
Coca. Veja Coca-Cola
Coca-Cola:
    esquizofrenia da marca, 75-76
    identidade da marca, 140
    propaganda, 56
Colgate, 115, 144
Collard, John, 187
Collins, James, 78
Combinando ideias, 119
Comoditização, 52, 92-93, 164
Competição:
    lidando com a, 102-107
    reposicionando, 99-102
Compradores, riscos a, 116
Confúcio, 131
Conglomerados, 124-126, 170-172
Consignia, 92
Contexto, fazendo sentido no, 79
Continental Airlines, 58
Convergência, 72-73
Coors, 163
Cor nos logotipos, 87
Cornflakes, Kellogg's, 106
Corning, 114
CORT, fábrica de móveis, 59
Corvette, 95
Cosméticos, 57
Covey, Stephen, 24
Craftsman, 158, 173
Creme dental Crest, 103, 115
Crescimento, 34-35
Crocker, Betty, 161
Cupons, 89

D

Daimler Benz, 71
DEC, 103, 107, 129
Declarações de missão, 109-112
Dell, 89, 95, 153
Desejos, 27
Desodorante Ban, 101
Detergente Tide, 55
DeWalt, 95
Direção versus soluções, 107-109
Diretores executivos (CEOs), 29-32
Divisão, Lei da, 134-137
Doc-ti, da Okidata, 73
Drucker, Peter, 77
Dualidade, Lei da, 116, 144-146
Dulles, John Foster, 183
Dunbar, Robin, 125
Dunkin' Donuts, 164
Duracell, 74, 95, 115, 144

E

Eastman, George, 121
Economistas, 25
Edison, Thomas, 118

Educação em Business Schools, 26-27
Efeito manada, 61, 117
Ego, 27
E-mail, 44-46
Emerson, Ralph Waldo, 85
Emoções, 55-56
Equipamentos, 35-36
Erro "eu também", 127
Erros, marketing, 126-129
Escrita, 21
Esquizofrenia da marca, 151-153
Estratégia, 135-137
Estudos de segmentação, 38
Etnologia visual, 38
Explosões, mentais, 22
Extensão de Linha, 128, 140

F

"Fala evidente", 20
Fator buzz, 67
Fator distração, 134
Fator mexer, 69-72
Fator mídia, 54
Federal Express, 87-88
Fidelity Investments, 113
Fisher, George, 30
Força Aérea, 111
Ford Explorer, 114
Ford Motor Company:
    aprimorando ideias emprestadas, 119
    Lei da Divisão, 134-137
    Lei da Dualidade, 144-146
    Lei da Singularidade, 141-143
    posição de liderança, 115
Fraldas Playskool, 167-168
Friedman, Milton, 33
Friedman, Thomas, 174
Fuji Photo, 88, 122, 144
Fumar cigarro, 177-178
Futuro, 183-185

G

Galbraith, John Kenneth, 90
Garner, James, 161
Gatorade, 54
GE. Veja General Electric (GE)

GEICO, 65
General Electric (GE):
    competidores, 105-106
    estratégia de marketing versus foco
        no funcionário, 36
    logotipo, 87
    metas, 78
    nomes de negócio, 172
    posição de liderança, 115
    ser grande como inimigo do óbvio,
        124-126
    Six Sigma, 137
General Motors (GM):
    aprimorando ideias emprestadas, 119
    arrogância, 128
    bom senso, 24-27, 37
    competidores, 105-106
    consciência do cliente versus
        comportamento, 38
    esquizofrenia da marca, 151-153
    Lei da Divisão, 134-137
    Lei da Dualidade, 144-146
    Lei da Singularidade, 141-143
    Lei dos Recursos, 146-149
    mensagem de confiabilidade, 128
    metas, 37
    posição de liderança, 115
    reposicionando, 108-109
    simplicidade, 20
Gillette, 105
Gladwell, Malcolm, 125
GM. Veja General Motors (GM)
Goizueta, Roberto, 184
Golden Cat Corporation, 148
Google, 144, 146
Gore-Tex, 34
Graham, Donald, 158
Grande, como inimigo do óbvio, 124-126
Green Valley Brewing Co., 163
Greenberg, Jack, 33
Groupware, 31
Grove, Andy, 36

H

Haas, Jeffrey, 44
Hammer, Michael, 90

Harley-Davidson, 140
Harvard Business Review, 27
Hasbro Inc., 167
Heclo, Hugh, 46
Heinz, 71, 94, 113
Helm, Burt, 59
Hershey's, 113
Hertz, 87-88, 103, 115
Hewlett-Packard, 123
Hingis, Martina, 161
História do pescador tico, 34-35
Holiday Inn Crowne Plaza, 94
Home Depot, 58, 93, 137
Honda, 136, 139-140
Hooters Restaurant, 59
Hora certa, 22
Hull, Raymond, 30
Hyundai, 170

I

IBM:
  arrogância, 128
  compra da Lotus Development
    Corporation, 30
  concorrentes, 107
  ideia diferenciadora, 67
  imagem corporativa, 190
  Lei da Divisão, 135
  logotipo, 87
  objetivos, 78
  reivindicação de liderança, 113
Ideia diferenciadora:
  branding e, 51-52, 92-93
  comunicando, 80
  credenciais ao suporte, 79-80
  descrita, 81-83
  encontrando, 79
  propaganda e, 96-97
  transformando em estratégia, 81
Ideias, emprestando, 119
Identidade corporativa, 86
In Search of Excellence (Peters), 78
Indústria automobilística. *Veja também
  empresas específicas*
  diferenciação nas, 52
  Lei da Divisão, 134-137

Lei da Dualidade, 144-146
Lei da Percepção, 137-141
Lei da Singularidade, 141-143
  previsões, más, 183-184
  up-market, 168-170
Indústria da televisão, 135
Indústria de cerveja, 54, 135, 157,
  162-163 *Veja também empresas específicas*
Indústria de refrigerantes, *Veja também
  empresas específicas*
Indústria jornalística, 157-159, 190
Iniciais como nome da empresa/
  apelido, 88, 92
Inovação, 180-181
Instalações da Curves, 120
Intel, 35-36
Internet, 41-52
  Catálogos impressos e, 97
  direcionada para comportamento,
    50-52
  e-mail, 44-46
  sobrecarga de informação, 42
iPhone, 73
iPod, 117, 119
Iraque, 109

J

Jacob Leinenkugel Brewing
  Company, 162
Jacoby, Susan, 188
Jaguar (automóvel), 87
James, William, 41
Jordan, Michael, 160

K

Kelleher, Herb, 32, 106
Kenmore, 158, 172
Kerry, John, 101
Kettering, Charles F., 20
Kevin, Robert, 55
KFC, 95
Kia, 170
King Kong, 47
Kmart, 173
Kodak, 30, 88, 121-123, 129, 144
Krispy Kreme, 32

L

Lagasse, Emeril, 160, 161
Lampert, Edward, 172, 173
Landor, Walter, 91
Lawrence, Mary Wells, 145
Lee, Laura, 183
Lei da Divisão, 134-137
Lei da Dualidade, 144-146
Lei da Dualidade, 144-146
Lei da Extensão de Linha, 162
Lei da Percepção, 137-141
Lei da Percepção, 137-141
    Lei da Singularidade, 141-143
    logotipo, 87-88
    previsões, más, 183-185
    reivindicação de liderança, 70
    remendando, 156-157
Lei da Singularidade, 141-143
Lei das Médias, 141
Lei do Ouvido, 131-134
Lei dos Recursos, 146-149
Leitura, 41-43
Lenovo, 181
Lenzing, 114
Leonardo da Vinci, 25
Levi's, 103, 106
Levitz Furniture, 111
Lexus, 143, 153, 155, 168-169
Licenciamento, 165-168
Liderança em desempenho, 114
Liderança em vendas, 114
Liderança, 112-118
Light, Larry, 76
Lincoln, Abraham, 24
Listerine, 101
Loção corporal Intensive Care, 92
Loftus, Elizabeth, 133
Logotipos, 87
Lojas Target, 153, 154-155, 173
Lotus Development Corporation, 30
Loucura de MP3, 117
Lowe's, 58, 120

M

Macy's, 159-161, 167
Malabre, Alfred L., 184
Mania de SUVs, 117
Manzi, Jim, 31
Marketing boca-a-boca, 46-50
Marketing:
    boca-a-boca, 44-48
    complexidade no, 81-82
    erros, 126-129
    essência do, 82
    etapas no processo, 79-80
    importância do, 77-79
    quando ninguém está no comando, 96-97
Markkula, Mike, 147
Marlboro, 75, 94, 115, 122, 153
Marquis by Waterford, 94
MasterCard, 56
McCartney, Stella, 166
McDonald's:
    café, 164
    celebridades e, 161
    esquizofrenia da marca, 76
    fator mexer, 69-72
    força, 33, 102
    Lei da Dualidade, 144
    propaganda, 61, 112
Médias, Lei das, 141-142
Medos, comuns, 187
Mercedes:
    branding, 94
    esquizofrenia da marca, 76
    ideia diferenciadora, 108
    Lei da Divisão, 136
    logotipo, 87
    mensagem de confiabilidade, 128
    racionalização para o custo, 164
    reposicionada pela BMW, 101
Metas, 82-83
Metropolitan Life Insurance, 88
Microsoft, 31, 105, 144, 146
Milliken, 34
Mindray Medical International, 181
Mintzberg, Henry, 25
Mobil, 87
Molson Coors Brewing Co., 163
Moog, Carol, 188

Motorola Q, 73
MTV, 88-89
Mudança:
　lidando com, 121-123
　resistência do cliente a, 88-91
Murdoch, Rupert, 157
Murrow, Edward R., 49
Museu de Paleontologia (Universidade da Califórnia em Berkeley), 118-119
MySpace, 89

N

Nardelli, Bob, 137
Nash Rambler, 137
Natureza humana, conformidade com, 21-22
Nestlé, 69
Neurociência, 39
New Coke, 75, 140, 157
New York Life, 88
New York Times, 157-159
Newton, 73
Nike, 86-87, 94, 117, 144, 160, 161
Nikon, 123
Nissan, 136, 139
Nocera, Joe, 73
Nokia, 61, 112
Nomes, empresa/marca, 91-92
Noonan, Peggy, 188
Nordstrom, 95, 161
NutraSweet, 92

O

Óbvio, definição, 20
Obvious Adams (Updegraff), 19-24
Oldsmobile, 136, 142-143, 152
Otis Elevator, 125, 171
Ouvido, a Lei do, 131-134
Ouvir, 27

P

Packard, David, 78
Palavras, importância das, 131-134
Palm's Treo, 73
Palmisano, Sam, 180
Papa John's Pizza, 82, 95

Passikoff, Robert, 38
Pelosi, Nancy, 36, 101
Penn, Mark, 59
Pepsi-Cola:
　comercial de rádio, 132
　Lei da Dualidade, 145
　Lei da Singularidade, 143
　logotipo, 87
　propaganda para Aquafina, 84
　resistência do cliente à mudança, 90
　sacrifício, 95
Percepção, 127-128, 137-141
Perot, Ross, 27
Pesquisa, 37-39
Peter Principle, O (Peter e Hull), 30
Peter, Lawrence, 30
Peters, Tom, 78
Petty, Richard, 91
Pontiac, 47, 50, 67, 74, 80, 108, 136, 142-143, 151
Porras, Jerry, 78
Porsche, 114
Porter, Michael, 93
Pratt & Whitney Corporation, 165-166, 171
Prell Shampoo, 70
Prêmios Clio, 68
Prêmios de propaganda em Cannes, 67, 68
Previsões, más, 183-185
Princípio "Todo mundo sabe", 140-141
"Problema do coquetel", 171
Procter & Gamble:
　abordagem "cena da vida", 134
　Lei da Dualidade, 145
　Lei de Recursos, 147
　Ligação emocional com os clientes, 56-57
　pesquisa, 38
　reposicionando a concorrência, 100
Produtos, multifuncionais, 74
Propaganda, 53-68
　armadilha da criatividade, 62-67
　avaliando, 84-86
　como teatro, 53-55

definição, 65
dinheiro gasto em, 147-148
emoções e, 55-59
honestidade na, 85
ideia diferenciadora e, 96-97
mania de slogans, 60-67
para o setor no eixo, 67-68
prêmios, 68
Super Bowl, 53-54, 96, 147
Proposição única de vendas, 67
Publicidade, custo da, 147

Q
Quiksilver, 57, 117

R
Recursos de comunicações, 44-46
Recursos, Lei dos, 146-149
Reebok, 144, 161
Reengineering Revolution, The (Hammer), 90
Reeves, Richard, 188
Reflexão:
 desejos, 27
 hora de, 35-37
Rheingold, Howard, 183
Riggio, Len, 42
Roehm, Julie, 154
Rolex, 57, 164
Rove, Karl, 101
Royal Crown (refrigerante à base de cola), 145
Royal Mail Group, 92

S
Sabonete Caress, 92
Sacrifício (atributo), 95
Sacrifício do mercado-alvo, 95
Sacrifício do produto, 95
Sacrifício, 95-96
Sam Adams, cerveja, 54
Santayana, George, 151
Saussure, Ferdinand de, 133
Schnatter, John, 82
Schultz, Howard, 163

Scoop Away, 148
Scope, higiene bucal, 100-101, 144
Seagram, 48, 112
Sears, 128, 158, 172-174
Segway, 47
Shenk, David, 41
Simon, Paul, 118
Simplicidade, 20-21
Simpson, Jessica, 160
Sinceridade na propaganda, 85
Singularidade, Lei da, 141-143
Six Sigma, 137
SKF, 63, 64
Sloan, Alfred, 108
Slogans, uso desgastado, 60-62
Smartphones, 73
Smirnoff, 48-49, 100
Smith, Roger, 184
Snakes on a Plane, 50
Sobrecarga de informação, 42
Solução versus direção, 107-109
Som, importância do, 131-134
Sono-Site, 105
Sony, 119, 123, 173
Sorrell, Martin, 57
Southwest Airlines, 95, 106
Starbucks, 163-165, 189
Stewart, Martha, 160
Stolichnaya, 100
Substituindo, 119
Super Bowl, propagandas do, 53-54, 96, 106
Sutileza intelectual, 24

T
Tabulação cruzada, 38
Tecnologia, 114, 128-129
Tecnologias destrutivas, 129
Teste de resposta galvânica da pele, 39
Testes de obviedade, 20-23
Thurman, Uma, 167
Tidy Cat, 148
Tidy Scoop, 148
Time, 96-97
Tipping Point, The (Gladwell), 125

Titleist, 160
TiVo, 59, 63
Toyota:
    branding, 154-155, 168
    ideia diferenciadora, 92, 102, 114, 127, 151
    Lei da Dualidade, 145
    Lei da Percepção, 139-140
    posição de liderança, 115
Treo, 73
Trump, Donald, 160, 167
Turismo na Nova Zelândia
    marketing, 72
Turismo na República Dominicana, 59
Twain, Mark, 39
Tylenol, 100

U

U.S. Forest Service, 184
United Technologies, 170
Universidade da Califórnia em Museu de Paleontologia de Berkeley, 118-119
Updegraff, Robert, 19-24, 138
Uso de drogas, reduzindo, 176-179

V

Veículos off-road, 26, 117
Verdade, 127-128
Viacom, 88
Viagra, 144
Vick, Michael, 161
Virgin, marca, 167
Visa, 56, 63
Volkswagen (VW): Fusca, 82, 85, 136
    estratégia, 82
    Lei da Divisão, 136
    Phaeton, 70, 168
    resistência do cliente à mudança, 89-90
Volvo, 52, 65, 72, 95, 109-110, 189
VW. Veja Volkswagen (VW)

W

Wall Street Journal, 157-159
Wall Street, 32-34, 128
Wal-Mart:
    comoditização, 92
    concorrentes, 105
    ideia diferenciadora, 161
    identidade da marca, 154-155
    liderança no custo, 56, 168
    objetivos, 78
    propaganda, 58
Washington Post, 158
Waterford Crystal, 94
Weatherbeater, 158, 172
Welch, Jack, 116
Western Union, 89
Whole Foods, 56
Windex, 92
Woods, Tiger, 94, 159, 160, 167
Wright, Orville, 184
Wright, Wilbur, 184

X

Xerox:
    escritório do futuro, 26
    futuras direções, 185
    redesign do logotipo, 71
    reivindicação de liderança, 113
    resistência do cliente à mudança, 89
    tecnologias destrutivas, 129

Y

Yahoo, 144, 146
YouTube, 89

ÓBVIO ADAMS*

Por Robert R. Updegraff

Um homem solitário sentou-se à mesa, perto da janela na Sala Dickens do restaurante Tip Top em Chicago. Ele tinha acabado de jantar e estava aparentemente esperando o café ser servido.

Dois homens entraram e foram conduzidos a uma mesa próxima. Em seguida, um deles olhou para o homem à janela e cochichou para seu companheiro: "Vê aquele homem ali?"; "Sim", disse o último, olhando desinteressadamente na direção indicada. "Bem, aquele é o Óbvio Adams".

"É mesmo?", desta vez, o outro homem virou sua cadeira para obter uma boa visão do homem-mais-falado-da-propaganda. "Parece um homem comum, não é?"

"Sim, só de olhar para ele você nunca imaginaria que ele é o famoso Óbvio Adams, da maior agência de publicidade de New York. E para dizer a verdade, não consigo entender por que ele é endeusado por todo mundo."

"Já o ouvi falar duas ou três vezes nos encontros da Associação de Propaganda, mas ele nunca disse nada que nós já não soubéssemos. Muita gente ficou confusa. Confesso que ele foi um desapontamento para mim."

É engraçado, mas muita gente fala a mesma coisa sobre ele. No entanto, este mesmo Adams foi um importante fator no sucesso de empresas famosas. Mais do que qualquer outro homem.

Mesmo no momento em que os dois falavam dele, Adams estava fazendo sucesso em negócios. Ele pegara o menu, desenhava um esboço e fazia anotações no verso. Para qualquer pessoa que pudesse espiar o trabalho, este poderia parecer insignificante. Entretanto, Adams parecia muito contente com o resultado. Balançou a cabeça em sinal de aprovação e guardou o menu no bolso, enquanto o garçom obsequioso veio para ajudá-lo a vestir o casaco.

* Texto em domínio público.

Meia hora mais tarde, o telefone tocou na biblioteca de uma suntuosa mansão em uma cidade de Iowa. Tocou a segunda vez antes que o homem recostado em uma grande cadeira de mogno, na frente da lareira, se levantasse e pegasse o fone do gancho.

"Alô!", disse surpreso e meio zangado com a intromissão. "Alô! Alô! Ah, é o Sr. Adams! Não esperava ter notícias suas tão cedo! Onde o senhor está? Chicago? O senhor tem um plano? Tem mesmo? Bem, eu estava sentado, pensando nele, sozinho, e já mastiguei três charutos tentando imaginar o que deveríamos fazer a respeito."

Silêncio na biblioteca da mansão. Depois, uma série de grunhidos de aprovação.

"Entendi sua ideia. Tem de funcionar... Claro, acho que vai funcionar. É uma ideia ótima e eu acredito que vá resolver o assunto. Tudo bem... pegue o trem noturno; vou mandar meu carro esperá-lo na estação amanhã de manhã. Boa noite!".

Por um longo minuto, o dono da mansão ficou em pé e olhou pensativamente para a lareira.

"Agora, por que diabo nenhum de nós pensou nisso? Era a coisa mais natural do mundo para se fazer, mas tivemos de trazer um homem de New York para nos mostrar. Seja como for, aquele Adams é uma maravilha!". Tendo dirigido esse comentário às paredes, puxou o quarto charuto e fumou.

Aqui você já tem o outro lado da medalha. Esse é o jeito como as pessoas bem informadas falam de Adams. Mas estamos conhecendo a história pelo fim. Para conhecer Óbvio Adams, e para entender o segredo de seu sucesso, precisamos conhecer o início de sua vida.

É a história de um menino pobre que começou a vida como Oliver B. Adams, em uma pequena mercearia, em um vilarejo da Nova Inglaterra, e que depois se tornou famoso no mundo dos negócios como Óbvio Adams.

Parece que Adams veio de uma família muito pobre. Seus pais eram trabalhadores dedicados e tinham apenas o curso primário da escola rural. Quando Oliver tinha 12 anos, seu pai morreu e ele começou a trabalhar na mercearia.

Era um menino comum. Não tinha muita iniciativa e raramente tinha ideias brilhantes. No entanto, de algum modo, a loja cresceu solidamente, ano após ano.

Qualquer um que conhecesse o velho Ned Snow, o dono da mercearia, diria que ele não era o responsável pelo crescimento da loja, pois não era o tipo empreendedor.

Bem, as coisas correram normalmente até que o velho Snow ficou doente e morreu. Então a loja foi vendida e Oliver ficou sem emprego.

Os seis anos seguintes da vida de Adams correram sem que ninguém ouvisse falar, e ele mesmo tem muito pouco para contar desse tempo. Quando a mercearia foi vendida, Adams pegou o pouco dinheiro que conseguira economizar e foi para New York, onde trabalhava durante o dia no mercado municipal e à noite frequentava a escola.

Então um dia aconteceu algo! Perto do fim do último ano da escola noturna, o Diretor programou uma série de palestras vocacionais para os estudantes mais velhos. A primeira palestra foi feita por James B. Oswald, presidente da famosa Oswald Advertising Agency. Naqueles tempos, Oswald estava em grande forma. Foi um dos mais interessantes e instrutivos conferencistas, com jeito especial de adequar sua mensagem às necessidades dos ouvintes – razão pela qual ele era tão bem-sucedido como homem de propaganda.

O jovem Adams ficou extasiado durante toda a palestra. Era sua primeira visão do grande mundo dos negócios. Pareceu-lhe que Oswald era o homem mais encantador que conhecera; teve até a chance de ser apresentado a ele e cumprimentá-lo após a palestra.

No caminho de casa, Adams pensou no que o Sr. Oswald tinha dito sobre o negócio da propaganda. Enquanto se preparava para deitar, no pequeno apartamento de terceiro andar, ele pensou sobre Oswald e concluiu que se tratava de um grande profissional. Enquanto puxava as cobertas e se aninhava entre os travesseiros, Adams decidiu que gostaria de trabalhar em propaganda.

Na manhã seguinte, quando acordou, dois pensamentos haviam se tornado um só. Ele gostaria de trabalhar em propaganda, e para James B. Oswald. A coisa natural a fazer, ao menos para Oliver Adams, era ir direto dizer isso ao cavalheiro.

Apesar do fato assustá-lo um pouco, nunca lhe ocorreu, nem por um momento, que não fosse essa exatamente a atitude que deveria tomar.

E então, às 14 horas, naquela mesma tarde, ele pediu licença para sair por umas duas horas. Era um horário de pouco movimento. Depois de engraxar cuidadosamente os sapatos e escovar a roupa, Adams saiu em direção ao grande prédio onde ficava a Oswald Advertising Agency.

A recepcionista comunicou ao Sr. Oswald que Adams estava lá e queria uma entrevista; porém o grande homem estava ocupado.

Oliver pensou uns instantes. '"Diga-lhe que posso esperar uma hora e dez minutos."

A moça olhou surpresa. As pessoas não tinham o hábito de mandar esse tipo de recado para o grande chefe. Mas havia alguma coisa na simples objetividade do rapaz que fazia a mensagem parecer perfeitamente natural.

Um tanto surpresa consigo mesma, ela repetiu o recado para o presidente, palavra por palavra.

"Ele vai receber você dentro de aproximadamente 20 minutos", disse ela.

Da entrevista em si, James Oswald se deliciava em contar: "Porta adentro, entrou o jovem Adams, sério como um diácono. Não o reconheci como um dos jovens que me haviam sido apresentados na noite anterior, mas ele logo mencionou o nosso encontro. Disse então que havia pensado sobre o assunto e tinha resolvido que queria entrar para a propaganda e que queira trabalhar para mim, por isso estava ali".

"Eu o examinei. Ele era um rapazinho bastante comum e me pareceu um tanto parado, não parecia muito brilhante. Fiz-lhe algumas perguntas para verificar se ao menos era esperto. Adams respondeu a todas com suficiente rapidez, mas suas respostas não eram especialmente inteligentes."

"Gostei dele, mas achei que lhe faltava vivacidade – aquele jogo de cintura tão importante na propaganda. Finalmente, eu disse tão gentilmente que ele não era talhado para ser publicitário, que sentia muito, mas não podia lhe dar um emprego. Dei-lhe alguns conselhos paternais. Foram realmente palavras escolhidas, firmes, mas gentis."

"Ele recebeu a coisa com classe. Mas ao invés de implorar uma chance, agradeceu e, ao levantar-se para sair, disse: 'Bem, Sr. Oswald, decidi que quero trabalhar em propaganda e com o senhor. Pensei que o óbvio a fazer era vir direto dizer-lhe isto. O senhor não parece acreditar que eu possa a vir me tornar um bom homem de propaganda, de modo que vou ter de dar um jeito e provar o contrário. Não sei ainda como vou fazer isso, mas vou procurá-lo outra vez assim que souber. Obrigado pelo seu tempo. Até logo!'. E saiu antes que eu pudesse responder."

"Bem, eu fiquei constrangido! Todo o meu pequeno discurso havia evaporado no ar. Ele nem considerou meu veredicto. Pensei uns cinco minutos sobre o assunto. Fiquei um tanto irritado de ser delicado, mas definitivamente menosprezado por um garoto. Durante o resto da tarde, me senti mal."

"Àquela noite, no caminho de casa, voltei a pensar no assunto. Uma frase havia ficado gravada na minha memória: 'Quero entrar para a propaganda e desejo trabalhar para o senhor, e achei que a coisa mais óbvia era vir direto dizer-lhe isto'."

"De repente, percebi tudo! Quantos de nós têm sensibilidade bastante para identificar e fazer o óbvio? E quantos têm a persistência para defender a própria concepção do que seja óbvio? Quanto mais eu pensava no assunto, mais convencido ficava de que deveria haver um lugar na nossa agência para um moço capaz de ver e fazer o óbvio. Alguém que fosse direto ao ponto, sem perder tempo nem fazer estardalhaço."

"E por Deus, no dia seguinte mandei chamar o rapaz e lhe dei um lugar no arquivo de jornais."

Isso foi há 20 anos. Hoje, Oliver B. Adams é vice-presidente da Oswald Advertising Agency. O velho Oswald passa pelo escritório duas vezes por semana, bate um papo com Adams e, claro, participa das principais reuniões de Diretoria. Mas efetivamente é Adams quem manda na empresa.

Tudo aconteceu com naturalidade. Tudo veio através do "óbvio ululante", como dizia o velho Oswald com muito bom humor.

Antes que Adams completasse um mês de trabalho no controle e arquivo de jornais, ele foi falar com o chefe e sugeriu uma mudança no método de trabalho. O chefe o ouviu e então perguntou qual seria a vantagem da mudança. Adams disse-lhe que haveria uma redução considerável no tempo e no manuseio dos jornais, e ficaria quase impossível cometer erros.

A mudança era simples e Adams recebeu autorização para aplicá-la. Depois que o novo plano já estava funcionando há uns três meses, ele foi novamente até o chefe e disse que tudo vinha funcionando tão bem que qualquer moça ganhando um terço do salário dele poderia assumir o lugar. Será que não haveria outro cargo melhor para ele?

Adams disse ao chefe que havia notado que os redatores estavam precisando trabalhar à noite. E acrescentou: "Fico imaginando, se eles continuarem sobrecarregados assim, não valeria a pena treinar um novo redator desde já?".

O chefe sorriu e disse-lhe para voltar a seus afazeres. "Você não é nenhum John Wanamaker". " Ele voltou, mas também começou a escrever textos nas horas vagas.

A correria da redação era por causa de uma grande campanha para a Associação de Enlatadores de Pêssego da Califórnia. Adams decidiu estudar pêssegos. Pensou. Sonhou e comeu pêssegos: frescos, enlatados e em conserva. Mandou buscar folhetos editados pelo Governo. Passou as noites estudando processos de enlatamento.

Um dia ele estava sentado à mesa de trabalho no Departamento de Controle, dando os toques finais em um texto que ele logo pôs de lado. O Chefe da Redação entrou para pedir um número antigo de jornal que estava no arquivo. Adams foi pegar o jornal, deixando o texto do anúncio em cima da mesa. Enquanto esperava, o Chefe da Redação bateu os olhos no papel. *"Seis Minutos do Pomar à Lata"*. Era o título. Aí havia layouts com fotos ilustrando as operações necessárias para enlatar pêssegos. Cada uma delas com um pequeno subtítulo e uma rápida descrição do processo:

"Pêssegos Amadurecidos no Sol da Califórnia"
Colhidos maduros das árvores.
Selecionados por moças com uniformes brancos impecáveis.
Descascados e enlatados higienicamente.
Cozidos a vapor limpo.
Latas fechadas a vácuo.
Enviados à mercearia para você – por apenas 30 centavos a lata.

O Chefe da Redação leu e releu o anúncio. Quando Adams voltou, o Chefe da Redação, Howland, tinha sumido. O anúncio também. Na sala da frente, Howland estava conversando com o Presidente e ambos estavam olhando o layout do anúncio sobre a mesa.

"Eu garanto, Sr. Oswald: aquele rapaz tem os ingredientes certos para ser redator. Ele não é brilhante – e só Deus sabe como estamos bem servidos de homens brilhantes. Mas parece que ele consegue ver os pontos essenciais e os coloca no papel com muita clareza. Para dizer a verdade, ele fez um texto que nós lá em cima estamos tentando escrever há uma semana e não conseguimos fazer em menos de três páginas. Gostaria que o senhor me cedesse esse rapaz por uns tempos. Quero descobrir o que há dentro dele."

"Lógico, vou fazer isso", concordou o Sr. Oswald. Em seguida, mandou chamar o chefe de Adams.

"Sr. Wilcox", perguntou, "será que o senhor pode ficar sem o Adams por uns tempos?"

O Sr. Wilcox sorriu. "Por quê? Sim, imagino que posso! Adams me disse que qualquer moça ganhando um terço do salário dele poderia fazer o serviço."

"Tudo bem. Mande o rapaz falar com o Sr. Howland." E Adams subiu para a Redação. O texto do anúncio de pêssegos enlatados teve de ser trabalhado um pouco, e esta tarefa coube a um dos craques da redação, pois era preciso correr! Deram outros temas a Adams para escrever. Suas primeiras tentativas foram bem cruas. Depois de algumas semanas, o Redator-Chefe quase chegou à conclusão de que, afinal, errara sobre o rapaz. Aí um dia, a Oswald ganhou uma nova conta. O produto era um bolo pronto, vendido através de mercearias.

A empresa tinha uma distribuição limitada, mas havia sido mordida pela mosca da propaganda: queria crescer depressa.

A empresa vendia em um raio de cinquenta milhas de New York. Antes que algum pedido de "job" chegasse à criação, alguns redatores ouviram falar da conta e Adams escutou os comentários. Naquele dia, ele passou a hora do almoço inspecionando as mercearias que vendiam o bolo. Comprou um para experimentar, comeu um bom pedaço e gostou muito!

Naquela noite em casa, Adams passou o tempo todo pensando no bolo. De madrugada, as luzes brilhavam no seu pequeno apartamento, nos fundos do terceiro andar. Adams havia decidido que, se tivesse a chance de fazer um anúncio do bolo, teria de ser muito bom.

Na manhã seguinte, o "job" da campanha do bolo entrou na Redação. Para decepção de Adams, o "job" foi entregue a um dos redatores mais antigos. Ele pensou no assunto a manhã inteira. Por volta do meio-dia, tinha chegado à conclusão de que havia sido um tolo ao imaginar que eles confiariam uma campanha dessa importância a um principiante como ele. Mas resolveu que continuaria trabalhando nas horas vagas como se aquele "job" fosse seu.

Três semanas mais tarde, a campanha ficou pronta. Quando viu as provas, o coração de Adams quase parou.

Que texto! Era de dar água na boca! Preston era famoso pelos textos de alimentos, mas tinha se superado no "job" desse bolo. Adams ficou completamente desencorajado. Nunca seria capaz de escrever um texto como aquele. Nem em um milhão de anos! Era pura literatura.

Fazia com que um simples bolo de 15 centavos se transformasse em algo semelhante a um néctar dos deuses. A campanha foi programada para seis meses e Adams a acompanhou atentamente. Mentalmente, já havia resolvido que iria fazer um treinamento com aquele redator, o Preston.

Quatro meses mais tarde, apesar dos textos maravilhosos estarem saindo nos grandes jornais e nos jornais de bairros, chegavam sinais de insatisfação da parte do cliente, a Golden Brown Cake Company.

Eles gostavam dos anúncios: concordavam que eram os melhores anúncios de bolo jamais feitos – os negócios estavam crescendo um pouquinho –, mas as vendas não atingiam as metas preestabelecidas. No fim do mês seguinte, o cliente estava mais desapontado que nunca. Finalmente, depois de seis meses, o cliente anunciou que iria suspender a propaganda: afinal não era tão rentável quanto haviam imaginado.

Adams sentiu-se profundamente desapontado. Era como se ele fosse o Sr. Oswald em pessoa. Ele se interessara muito pela fabricação de bolos. Na noite em que ouviu a notícia que a Golden Brown Cake Company iria parar de anunciar, foi para casa arrasado.

Passou a noite pensando na Golden Brown Cake Company. Depois de algum tempo, foi até uma gaveta e pegou um grande envelope com os anúncios de bolo que havia feito meses antes. Releu-os. Pareciam muito amadores comparados com os textos de Preston. Aí ele olhou para alguns cartazes que tinha feito para sua campanha imaginária. Pegou uma cartolina onde havia feito alguns desenhos e começou a colori-los.

Sentou-se e olhou para essas peças. Pensou, pensou, pensou... Daí começou a revisar o seu trabalho de meses antes, editando e fazendo emendas, modificando aqui e ali. À medida que trabalhava, suas ideias se desenvolviam. Eram quase três da manhã quando ele finalmente apagou a luz e foi dormir. No dia seguinte, foi para o escritório com a ideia bem clara sobre o que deveria fazer.

Às 10 horas, telefonou para a diretoria e perguntou se podia ver o Sr. Oswald. Disseram-lhe que sim. Às 11 horas, o Sr. Oswald tirou os olhos do último anúncio que Adams tinha escrito e sorriu. "Adams, acho que você conseguiu! Fizemos ótimos anúncios de bolos, mas passamos por cima de algumas coisas importantes que você colocou nos seus. Fizemos muita propaganda e pouca venda. Acho que, com seu plano, posso trazer aquela gente de volta."

Adams foi chamado à sala do Presidente às 3 horas da tarde. "Sr. Adams", disse o Sr. Oswald enquanto sentava, "a Golden Brown Cake Company está de volta conosco, e está para valer. Eles dizem que o plano parece ótimo, de modo que estamos partindo para uma nova campanha. Agora quero que leve todo esse material ao Sr. Howland, para que ele possa ajudar você a finalizá-lo. Eu falei com ele a respeito e ele ficou tão feliz quanto você. É um ótimo texto, mas um pouco duro em alguns pontos, como você pode imaginar. Mas não deixe a glória subir à sua cabeça, meu jovem. É preciso mais de uma batalha para se ganhar uma guerra."

Adams estava nas nuvens quando saiu da sala do Presidente. Mas depois de conversar com o Chefe da Redação por mais de uma hora, voltou a pôr os pés no chão; compreendeu que ainda havia muito a ser feito antes dos anúncios ficarem prontos para veiculação. Entretanto, suas sugestões principais seriam seguidas:

– Todos concordaram com ele que o bolo tinha de ser experimentado;

– Os cartazes do bolo seriam em grande close-up e em cores;

– Era ótima a ideia de fornecer diariamente às mercearias fatias de amostra de bolo fresco, embrulhadas em papel manteiga para os fregueses experimentarem;

– Abandonar a antiga embalagem verde em troca de uma bege, na cor do bolo, com o texto marrom escuro. Daria um destaque melhor e apelaria mais aos olhos e ao apetite dos possíveis compradores.

Algumas dessas coisas Adams aprendera antes, na pequena mercearia da Nova Inglaterra, onde havia trabalhado. Todas essas ideias pareciam as mais naturais do mundo. Assim também pareciam ao Sr. Oswald, ao Sr. Howland e ao resto da equipe quando souberam do plano. Todos ficaram imaginando porque não haviam pensado antes nessas coisas.

Antes de terminar a primeira semana da campanha da degustação, as vendas cresceram substancialmente. No fim do mês, a Golden Cake Company anunciou um acréscimo de quase 30% nas vendas, no que era habitualmente um dos meses mais inexpressivos do ano. E aquele começo foi o marco de uma das mais bem-sucedidas campanhas que a agência Oswald fez.

Sim, o texto era simples – quase simplório até. Mas tinha aquele cheiro de bolo que acabou de sair do forno. Falava da cozinha, limpa e arejada, na qual os bolos da Golden Brown eram assados. Na verdade, dizia tudo de maneira tão simples que é bem provável que tivesse sido rejeitada caso a primeira campanha não tivesse falhado.

Alguns meses mais tarde, houve uma reunião muito importante na sala da diretoria da agência Oswald. Os executivos da Monarch Hat Company estavam fechados com o Presidente e com o Redator-Chefe. Conversas, relatórios de vendas, charutos foram consumidos – durante quase três horas. Aparentemente, a Monarch Hat Company tinha duas lojas de varejo em uma grande cidade do sul. Uma delas dava lucro enquanto a outra ficava sempre para trás. Eles não queriam abandonar nenhuma das duas lojas porque a cidade era grande e podia absorvê-las. Mas a companhia não podia se dar ao luxo de continuar perdendo dinheiro. Já havia investido milhares de dólares em uma campanha de propaganda – que fez a loja que ia bem ir melhor –, mas não conseguia fazer a loja perdedora sair do vermelho. Alguma coisa tinha de ser feita, e depressa.

A reunião estendeu-se sem solução até a hora do almoço. Todos os planos sugeridos ou já haviam sido testados, ou eram impraticáveis.

"Bem senhores", disse o Sr. Oswald finalmente, "passamos três horas falando o que deveremos fazer. Entretanto, minha primeira preocupação é tentar saber o que está acontecendo realmente. Concordam em me dar duas semanas para descobrir isso? Depois marcamos outra reunião?"

Todos estavam com fome, já sem energia para falar; sim, todos concordaram.

"Qual é a sua ideia?", perguntou o Chefe da Redação depois que todo mundo foi embora.

O Sr. Oswald olhou para ele bem sério.

"Howland, eu vou correr o risco. Se eu tivesse tempo sobrando, eu mesmo iria investigar, mas não posso. O pessoal da Monarch não deve jamais saber disso, mas vou mandar um rapaz até lá e ver se ele descobre o que está realmente ocorrendo."

"Você não quer dizer..."

"Sim. Vamos mandar o jovem Adams. Tenho uma leve desconfiança de que há algo obviamente errado naquela situação. Algo que não tem nada a ver com relatórios de vendas ou giro de estoque. Se houver, vou apostar que aquele jovem, simples e rotineiro, vai saber detectar. 'Óbvio' parece ser o seu nome. Talvez eu seja um bobo, mas vou tentar."

"Adams," disse o Presidente quando o jovem ficou de pé diante dele, "a Monarch Hat Company tem duas lojas... uma delas dá lucro, a outra, não."

"Gostaria que você fosse até lá tentar saber – sem fazer perguntas – qual das lojas dá prejuízo. Aí, quero que você descubra por quê. Pegue algum dinheiro no caixa e vá amanhã de manhã. Volte quando estiver razoavelmente certo da resposta."

Adams foi. Quando chegou à cidade, registrou-se em um hotel e deixou sua mala. Vinte minutos mais tarde, já havia achado uma das lojas, localizada na esquina de duas ruas importantes, com entrada imponente e vitrine para as duas ruas.

Ele encontrou a outra loja 45 minutos mais tarde, na rua do Mercado, a principal rua do comércio varejista. Era também localizada em uma esquina. Mas Adams ficou surpreso quando se deu conta de que já havia passado por ela umas três vezes antes de localizá-la.

Adams parou do outro lado da rua, observando. A loja tinha uma frente pequena, na rua do Mercado, mais uma enorme vitrina que dava para uma pequena travessa lateral. Ficou pensando. A dificuldade de localizar a loja chamou sua atenção. Se eles investissem em propaganda, os benefícios iriam para a outra loja, por causa de sua localização privilegiada, embora não ficasse na rua do Mercado.

Sim, ele tinha certeza que estava diante da loja que dava prejuízo. Ficando ali, observando, começou a notar que os pedestres subiam mais do que desciam por aquele lado da rua. À medida que se aproximavam da loja, tinham de olhar para frente, atentos aos sinais do policial para atravessar a pequena rua transversal. Quando isso acontecia, ficavam de costas para a vitrine lateral. Nem mesmo as pessoas que desciam pelo mesmo lado da rua tinham uma boa visão daquela vitrine, pois vinham mais perto do meio-fio, com uma pequena multidão entre eles e a loja.

Contou o número de transeuntes em períodos de cinco minutos; descobriu que o número de pessoas subindo por aquele lado da rua era quase 50% maior do que o número das que desciam.

Então ele contou os que passavam do outro lado e concluiu que o número de pessoas que desciam por aquele lado era quase 50% maior. Evidentemente, aquela loja estava pagando por aquela grande vitrine lateral um aluguel maior do que deveria. E ali, na rua do Mercado, o aluguel deveria ser pesadíssimo. As pessoas não viam a loja; era mesmo difícil localizá-la.

Àquela noite, no hotel, ele pensou, riscou, fez diagramas. Sua tese parecia correta; ele tinha certeza dela. No dia seguinte, continuou a estudar a situação e conseguiu obter do gerente da loja alguns dados de vendas e preço do aluguel. No fim do dia, pegou o trem de volta a New York.

Alguns meses depois, assim que o contrato de locação expirou, a loja mudou de endereço. Adams tinha resolvido o dilema. Era realmente muito simples – quando se conhecia a resposta.

"Esta é a obviedade de Adams, na qual apostei. Ele não se deixa desviar dos fatos; ele os olha objetivamente, de frente, e aí os analisa, e isto é vencer metade da guerra." Assim falou o Sr. Oswald para o Chefe da Redação.

Este foi o começo de uma série de acontecimentos que fizeram Adams subir até o ponto de possuir ações da agência. Nada de espetacular acontecera em caso algum. Era a simples análise da situação e o elementar bom senso para fazer um planejamento adequado.

Chegou uma carta – dos fabricantes de papel bond. A carta dizia que eles estavam interessados em anunciar, e indagava se Oswald podia mandar um homem até a fábrica, para discutir o assunto com eles. Nesse dia, o Sr. Oswald estava de partida para a Europa, em um navio que saía às 11 da manhã.

A carta chegou pela primeira entrega do correio. Aconteceu que Adams estava na sala do Presidente quando este leu a carta.

"Você gostaria de conversar com essa gente, Adams?" perguntou o Sr. Oswald, com um sorriso enigmático, estendendo-lhe a carta. Ele gostava de experimentar novas combinações de homens e tarefas.

"Ah, gostaria muito!", disse Adams à medida que seu rosto se iluminava com a perspectiva da nova missão.

"Então, vá. Boa sorte para você", disse o chefe que logo se pôs a cuidar dos últimos detalhes da viagem.

Adams foi na manhã seguinte. O presidente da fábrica perguntou-lhe se ele achava que papel bond podia ser anunciado com sucesso. Adams disse que não podia responder até ter uma ideia melhor da indústria e do produto. Ele tinha de levantar os dados. Deram-lhe um guia e, nos dois dias seguintes, ele praticamente mergulhou em papel.

Chegou à conclusão de que o papel bond daquela fábrica era feito de fibras brancas selecionadas; a água usada na fabricação era mais pura e filtrada; que era secado em esteiras muito limpas. E o mais surpreendente de tudo, o papel era inspecionado folha por folha, à mão. Esses fatos não eram de conhecimento geral naquele tempo e Adams achou tudo muito promissor para a propaganda.

O terceiro dia ele passou trancado em seu quarto no hotel, tentando fazer alguns anúncios. Levou-os, no fim da tarde, quando voltou à fábrica. O Presidente olhou-os e resmungou. Positivamente estava decepcionado. O coração de Adams afundou; ia falhar na sua primeira viagem de vendas. Mas não ia deixar de lutar.

O Presidente balançou-se para frente e para trás na cadeira.

"Jovem," ele disse finalmente, "todo papel bond de qualidade é feito de fibras brancas cuidadosamente selecionadas; todo bom papel bond é feito com pura água filtrada; todo papel bond é secado em esteiras limpas; todos os bons papéis são inspecionados à mão. Eu não precisava de um homem de propaganda de New York para vir aqui me dizer isso. Todos sabem essas coisas sobre papel bond."

"É mesmo?", perguntou Adams. "Eu nunca soube disso! Nossa agência compra anualmente muitos milhares de dólares de papel bond. Entretanto, arrisco a dizer que não deve haver ninguém lá que saiba coisa alguma sobre fabricação de papel, salvo o fato de que os de boa qualidade são feitos de fibras."

"O senhor vê, Sr. Merritt, nós não fabricamos papel e ninguém nos contou estes fatos antes. Sei que estes anúncios não são geniais. São apenas informativos. Mas eu sinceramente acredito que mencionar esse ponto como qualidade do seu produto, mês após mês, fará com que as pessoas, em pouco tempo, concluam que o seu papel bond está acima da concorrência. O senhor estaria dois ou três anos à frente dos seus concorrentes. E no momento que eles começassem a anunciar, o nome do seu produto já estaria gravado na memória do público. Seria quase sinônimo do melhor papel bond fabricado."

O Sr. Merritt estava evidentemente impressionado pela lógica de Adams, mas hesitava ainda.

"Mas nós seríamos motivo de piada para os outros fabricantes de papel do país. Vão rir quando nos ouvirem falar desse jeito sobre o nosso papel, como se todos os outros papéis não fossem fabricados com a mesma técnica."

Adams inclinou-se um pouco, olhou bem dentro dos olhos do Sr. Merritt e disse: "Sr. Merritt, para quem exatamente o senhor deseja anunciar? Para fabricantes de papel ou para compradores de papel?".

"Compreendo", disse o Presidente. "Você está certo. Começo a perceber que propaganda não é algo mágico, e sim o mais puro e elementar bom senso."

Adams voltou a New York com um contrato para uma campanha de um ano, a ser feita como a agência achasse adequado. A campanha foi um sucesso de saída. Entretanto, ao ser analisada, via-se que Adams não tinha feito nada além do óbvio.

O Sr. Oswald, ainda na Europa, soube do sucesso de Adams. Mandou uma carta de felicitações. Mas o que mais intrigou Adams foi que o envelope tinha sido endereçado para Óbvio Adams. O apelido "Óbvio" espalhou-se logo pela empresa toda, e pegou. A campanha de papel bond ficou famosa e, com ela, seu autor e seu apelido.

Hoje ele é conhecido entre os homens de propaganda, do Pacífico ao Atlântico.

Talvez nem meia dúzia de pessoas o conheçam pelo nome verdadeiro. Ele costumava assinar simplesmente "O.B.Adams". Quase todas as revistas que você folheia mostram a influência da obviedade de Adams.

Os anúncios dos Chapéus Monarch, por exemplo, sempre eram ilustrados com homens de corpo inteiro, fazendo com que os chapéus parecessem pequenos e insignificantes.

"Vamos mostrar o chapéu, e não o homem", disse Adams um dia quando olhava uma foto no Departamento de Arte. "Se os homens pudessem ver esta foto neste tamanho, eles comprariam o chapéu. Mas na redução da foto, a gente perde muito!"

Em seguida, pegou uma tesoura e começou a recortar aquela magnífica foto, de todos os lados. Até que restou nada mais que um chapéu, um rosto sorridente, e só um detalhe do colarinho e da gravata.

"Bem," disse Adams colocando o recorte sobre uma página de revista, quase ocupando todo o espaço, "publique isto e ponha o texto no canto esquerdo".

Hoje em dia é comum encontrar, nas páginas das revistas, rostos quase do tamanho natural, sorrindo para você. E eles não passam desapercidos.

Com seus close-ups, Adams era o Griffith da propaganda. Ambos faziam apenas o óbvio.

Adams descobriu também que os anúncios não tinham de berrar suas mensagens em letras garrafais. Provou que as pessoas leem anúncios de quatro páginas, com muito texto, desde que o layout conduza facilmente à leitura e que o texto seja tão interessante e dramático quanto uma história.

Você pode ficar surpreso ao saber que Adams não era o tipo de homem particularmente interessante para se conhecer. Não tinha nenhuma das características normalmente atribuídas aos gênios: não era temperamental. Desde o começo, trabalhou em campanhas difíceis, aconselhando aqui, orientando lá, retraindo-se algumas vezes, cometendo erros ocasionais, mas sem nunca repeti-los.

Com sua habilidade em merchandising, salvou inúmeras empresas do naufrágio, e as colocou de volta a navegar em águas calmas, com os ventos soprando a favor. Ajudou empresas de fundo de quintal a se transformarem em grandes indústrias. Modificou os hábitos nacionais da refeição matinal. Transformou marcas de produtos em substantivos comuns nos dicionários. Mas considerando toda sua experiência e reputação, ele é desinteressante pessoalmente – a menos que você o encontre, como eu, em casa, confortavelmente instalado em sua cadeira predileta, em frente à lareira, fumando gostosamente um bom charuto.

Foi em resposta à minha pergunta "Como você ganhou o apelido de Óbvio?" que ele contou alguns dos fatos que acabei de relatar.

"Não nasci Óbvio", reagiu. "Há muito tempo o Sr. Oswald rotulou-me de 'Óbvio'. Naquela época, eu nem parava para pensar se uma coisa era óbvia ou não. Só fazia o que ocorria naturalmente, depois de ter refletido muito. Não tenho mérito pessoal algum nisso. Simplesmente aconteceu."

Então, insisti. "Por que mais homens de negócios não fazem o óbvio? O pessoal da sua agência conta que frequentemente passam horas imaginando o que você vai sugerir, depois deles próprios tentarem concluir o que é óbvio. E mesmo assim, você os surpreende sempre."

Adams sorriu. "Bem," disse ele, "depois que me colocaram esse apelido, tenho pensado muito na questão e cheguei à conclusão que fazer o óbvio exige muita análise. Para analisar, é preciso pensar, e acho que o Professor Zueblin está certo quando diz que pensar é o trabalho mais árduo que as pessoas têm de fazer. E elas não gostam de pensar nem um pouco a mais do que o necessário."

As pessoas procuram sempre o caminho mais fácil, através de atalhos ou truques, a que chamam de a coisa óbvia a fazer. Mas rotular essas saídas como óbvias não quer dizer que realmente sejam. Elas não levantam todos os dados, nem analisam antes de decidir o que seja óbvio. E assim passam por cima do primeiro e mais óbvio mandamento dos negócios.

Quase sempre esta é a principal diferença entre o pequeno e o grande e bem-sucedido empresário. Muitos pequenos negócios sofrem de um agudo caso de miopia empresarial, que seria curável se seguissem o caminho óbvio de chamar um especialista para corrigir sua visão e dar-lhes uma verdadeira análise da empresa e de seus métodos.

A mesma coisa pode ser dita de um bom número de grandes empresas.

"Algum dia," ele continuou, "muitos homens de negócios vão acordar e perceber o poder e a sensatez do óbvio. Alguns já perceberam. Theodore Vail, por exemplo, preocupou-se com a ociosidade do telégrafo, que ficava parado diariamente durante oito horas, e inventou a night letter para aumentar o movimento durante as horas ociosas e gerar novos negócios. O que poderia ser mais óbvio?".

"Observe os homens que estão ganhando salários de mais de 100 mil dólares por ano. Eles são evidentemente os fazedores do óbvio."

"Espero que um dia nossas Prefeituras despertem para o fato de estarem ignorando o óbvio quando permitem que nossas Bibliotecas Públicas passem, ano após ano, cumprindo apenas a metade de sua função social. Com apenas 2 ou 3% da verba aplicada na compra de livros e publicações, poderiam fazer uma campanha de propaganda em jornais, para desenvolver o hábito de usar a biblioteca e fazer as pessoas perceberem o valor da leitura, duplicando a utilidade das bibliotecas para suas comunidades. Que maravilha anunciar uma biblioteca ou um grande museu de arte!"

"Chegará também o dia, imagino, quando as estradas de ferro vão deixar de manter em segredo os preços das passagens. Elas vão ganhar um dinheirão quando as pessoas que normalmente viajam pouco descobrirem como é barato viajar de trem. Elas irão incluir os preços das passagens nas suas tabelas de horários, não de todos os percursos, mas pelo menos dos principais."

"O que fazem é colocar o dedo na frente dos lábios e sussurrar: 'pssh! nós cobramos um preço adicional nesse trem, mas não dizemos o quanto é e você que tem de descobrir'. Conheço um homem que morou em New York cinco anos e sempre quis ir à Filadélfia para ver a cidade, mas nunca foi porque sempre imaginou que custava muito mais caro do que o real. Mas nunca teve a iniciativa de perguntar. Entretanto, perguntar não deveria ser necessário. Algum dia, as ferrovias vão fazer o óbvio e anunciar para aquele homem. E há centenas de milhares como ele."

Nesse ponto, o Sr. Adams olhou para o relógio. Ele se desculpou, ligou para a garagem e pediu seu carro. Ia pegar o trem noturno para Chicago e tentar resolver uma situação difícil de um grande cliente, fabricante de cereais para refeição matinal. Ele era o homem indicado para recomendar o rumo certo.

Quando íamos para a cidade em um luxuoso carro, ele mergulhou nos seus pensamentos.

Eu mergulhei também nos meus. Qual seria o segredo do sucesso deste homem? Perguntei a mim mesmo. Então, me lembrei de uma composição de uma criança sobre as montanhas da Holanda. O garoto escreveu:

As montanhas da Holanda.

Não há montanhas na Holanda.
Esta é a resposta, concluí. Este é o segredo.
É o óbvio!